王健林与大连万达

（汉英双语）

周璇 著

[英] Zuzana Strakova 译

中国出版集团
中译出版社

图书在版编目（CIP）数据

王健林与大连万达：汉英对照 / 周璇著；（英）石可珊（Zuzana Strakova）译. -- 北京：中译出版社，2018.2
（中国著名企业家与企业丛书）
ISBN 978-7-5001-5565-2

Ⅰ. ①王… Ⅱ. ①周… ②石… Ⅲ. ①王健林－生平事迹－汉、英②房地产业－企业集团－企业管理－经验－大连－汉、英 Ⅳ. ①K825.38②F299.273.13

中国版本图书馆CIP数据核字（2018）第032947号

出版发行／中译出版社
地　　址／北京市西城区车公庄大街甲4号物华大厦六层
电　　话／（010）68359376，68359827（发行部）68358224（编辑部）
邮　　编／100044
传　　真／（010）68357870
电子邮箱／book@ctph.com.cn
网　　址／http: // www.ctph.com.cn

出 版 人／张高里
策划编辑／刘永淳　范　伟
责任编辑／范　伟　张孟桥
封面设计／Myriam El Jerari　Caroline Li　胡小慧
排　　版／孙艳武
印　　刷／保定市中画美凯印刷有限公司
经　　销／新华书店

规　　格／650毫米×920毫米　1/16
印　　张／19.25
字　　数／350千字
版　　次／2018年2月第一版
印　　次／2018年2月第一次

ISBN 978-7-5001-5565-2　　定价：70.00元

目　录

序 言

中国有一个“万达”，“万达”有一个王健林——他1970年入伍，1986年从部队转业，进入大连市西岗区人民政府任办公室主任，1989年担任大连万达集团股份有限公司董事长至今。2015年10月的《胡润百富榜》显示，王健林的资产达到2200亿元，再次荣登中国首富的宝座。在过去30年中国经济的高速发展中，各种版本的财富传奇层出不穷，故事的主角也是形形色色。潮起潮落，能够一直站在财富顶端的人并不多见，王健林是如何一步步稳扎稳打、坐上中国首富宝座的呢？

王健林出生于一个红色家族，父亲是一位参加过抗日的老红军，也正是因此，王健林对部队、对军人有着一份特殊的情怀。在他15岁时，他毅然离家到吉林参军，当时的他，是同批部队里年纪最小的“娃娃兵”，然而他并未因为自己年龄尚幼而与众不同，他不畏艰辛吃苦耐劳的坚强精神，让战友们刮目相看。

在部队中，王健林养成了迎难而上、从不退缩的性格，正是从那时起，他开始对自己充电，利用部队训练的闲暇时光，他如海绵一样不断汲取着各种丰富的知识。

时光飞逝，原本在部队发展得顺风顺水的王健林没有就此沉寂，在改革开放大潮席卷全国的过程中，他毅然脱下军装选择了转业。也正是从这时开始，王健林的万达传奇拉开了序幕。

经过近三十年的发展，王健林带领着万达集团披荆斩棘，从住宅开发、商业地产、足球产业，到影视院线、互联网＋，王健林一步一步从一个少不更事的小士兵，成长为身价千亿的商业巨头，而万达也从原本负债累累、几欲破产的小公司，发展成为如今享誉全球、硕果累累的跨国集团。

未来的万达到底会有怎样的变化和发展，让我们拭目以待。相信万达在坚持、沉稳、创新、融合集聚于一身的王健林的带领下，必然能够继续腾飞，受到万众瞩目。

第一章

激昂青春

红色之家

王健林的父亲王义全是一位农民出身的老红军，参加过长征和十四年抗战，但对于他退伍后的身份，从四川省委的组织部副部长，到西藏自治区的副主席等，众说纷纭，莫衷一是。

王健林极少承认或否认这些传言，他无意地三缄其口，反倒助长此风。外界对其家世的种种猜测，一直伴随着他的万达帝国的成长与发展。

事实上，王义全绝非传言中的副厅级高官，他始终都在县团级单位大金县（后改名为金川县）森林工业局供职，担任副局长，是副处级。

虽说没有传言中那样位高权重，可王义全顶着“红小兵”头衔，1930年北上、1949年胜利回乡的荣耀时刻，他都有幸参与。在“红小兵”群体中，他的职位的确不高。

自1958年开始，在大金县森林工业局任职的王义全威望颇高，远胜局长、书记。他没有官架子，很受员工敬重，而他那每月80元钱的工资，也着实让不少人眼红。从1956年起，全国实行工资制度改革，自然条件、物价、生活水平、工资状况都成为衡量标准，那时全国分为11类工资区，高一级多两元钱。大金县属于九类区，工资基数高。县上的大学本科生每月可以拿到60元钱。在县里，工资最高的是县委书记、武装部政委，之后就是王义全。

王家始终吃得饱饭，这在那个年代简直是天大的好运气。王义全还有多余的钱和精力去关心一些农村穷苦孩子。当时还是学生的李洪友和他的朋友们，没少吃王义全买的冰糕和糖。他形容王义全是个很好的“老头子”，活跃、爱开玩笑、非常和善。

川人喜欢聊天，茶余饭后摆摆龙门阵。王义全喜欢和职工子弟讲述自己“打鬼子”的经历。他会给李洪友买冰棍儿、啤酒，拉去自己家喝茶，顺便找来一堆听众，向他们仔细地描述怎么拼枪、拼刺刀。大金县几乎每个人都知道：王健林的爸爸是个老红军，是打日本出身的。

王义全是一个有着坚定的红色信仰的老红军，他常教导前来听抗日故事的学生们要热爱祖国、热爱党，将来如何建设祖国。李洪友和他的朋友一度觉得王义全太老旧了。

王义全的这种特质也影响着他对儿子们的管教，他总是很严厉，喜欢把努力、好好学习、有机会要多读书、去当干部挂在嘴边。军队干部出身的他，说话直接、干脆。

父亲的威望给年幼的王健林带来一丝骄傲感，火热年代里的人们，对红军老战士的崇拜和仰视，使王健林在父亲的荫庇下也得到了同龄人的拥戴。

1953年元旦，王义全完婚，媒人是区委书记，妻子是秦嘉兰，比王义全小18岁。组织介绍的婚姻让秦嘉兰十分满意，她嘴边常挂着的一句话就是：“他什么都由我做主，一辈子没有欺负过我。”

20世纪50年代，王家举家迁往阿坝州的大金县城，秦嘉兰觉得这是一件幸事。“外面都在饿死人，我们还能一个星期打一只兔子吃。”大金县有不少荒山，无人看管。为了改善生活，秦嘉兰只身一人过铁索桥“以启山林”，种菜、养兔，不输须眉。

后来，每每回忆起上面长着叶子、下面长大萝卜的苏联甜菜，80多岁的秦嘉兰都显得异常满足，两三斤一个的萝卜可以满足全家人的需求。“皮刮了，切成条，炒成萝卜干给娃娃吃，娃娃们吃得好甜。”上面的叶子老了还可以喂兔子。

背靠着与外界隔绝且资源丰富的高原地区，加上母亲的劳作、父亲优越的工资待遇，王健林的童年生活过得格外滋润。童年时代的王健林不仅是家里的长子，也是小伙伴中的“土匪头子”。这样的身份，给他日后的管理能力提供了最早的锻炼，从不足10人的孩子帮，到超过10万人的员工团队，他都领导得有声有色。

但谁也不知小小年纪的他是否就已有了要闯出一片天地的雄心，也没人发现幼时的他是否有野心，不过至少有一点可以肯定——他离商业化的世界十分遥远。自小，他与家人生活在宁静悠然的小城之中，远离大城市的喧嚣与纷扰。

在大金县森工局总务股工作的王义全负责发工资、制工资表、发办公用品，秦嘉兰则忙于日常工作，晚上还要去地里开荒。王健林身为家中长子，很早就成为父母最得力的帮手。繁重的劳动模糊了孩童和青年的界限，与大多数同辈人一样，王健林也早早地承担起了家庭责任，并获得了超越年龄的历练和成熟。

秦嘉兰总是不厌其烦地念叨，王健林是家中老大，下面还有4个弟弟，弟弟们都听他的。若是依照老传统，长兄为父，他身上担着更重的担子。王家的5个儿子从小就是家里的劳动力，老大王健林，下地干活时最卖力，秦嘉兰深感安慰，觉得大儿子给弟弟们做了表率。同时，他还担起了照看弟弟们写作业的责任。

后来，老年时的秦嘉兰对很多陈年往事的细节记不清楚了，却仍不忘强调，能过上舒心的日子，多亏了大儿子。王健林曾和母亲开玩笑说：“谁让你给我生了那么多兄弟？”

在青春期到来前，王健林完美地演绎着“长子”的角色，这种长时间的领导身份，也让他在外成了“孩子帮”的老大。

少年时的王健林，独立、调皮、有想法。男孩们之间打闹时，他爱做头领。

森工局的院子大、环境好，适合精力过剩的男孩们打闹、追逐。王健林和贫乏年代的其他男孩一样，经常玩的不过是捉迷藏、爬树、打弹弓这些便宜可得的游戏，但他带着弟弟和同龄人一样玩得不亦乐乎。

与众多森工局职工子女一样，到了上学年纪的王健林进入了大金县东方红小学。东方红小学是阿坝州数一数二的学校，校风严谨。除了语文、数学两门主课，学生们还要学习美术、音乐、体育等课程，业余活动也很丰富，画画、野营、爬山，忙的时候下地、帮农民捡麦子也占据了大部分课外活动的时间。

小学时代的王健林并没有特别出格的举动，只是一直在班里当班长。王健林喜欢打篮球，虽然日后的他与另一项运动——足球渊源更深、更久。他时常在比赛里展现出好斗的特质，但终究只是个娃娃，并没有太突出的表现。

小学毕业后，他升入当地唯一一所中学——金川中学，这是一所教学质量在当地首屈一指的初中，师资力量值得称道，本科、专科毕业的老师占了近五分之一。

王健林在大金共接受了7年教育。此后，正逢森工局内部招收职工子女到营林处工作，自此王健林走出学校，成为运林队的职工。那时，城市的孩子多不愿屈身前往，招来的工人多来自农村，王健林在其中很能吃苦。

王健林被分配到了马尔足运林队。森工局工人的生活十分有规律，7点钟起床，7点30分讲安全，8点钟上班，晚上5点钟下班。上班、下班要走1

个多小时的山路。在马尔足的日子里，王健林住在林场的瓦片房里。远在山沟沟里的马尔足，离大金有近10公里的路程。从本部去马尔足，要先走四五公里公路到沟口，接着爬三四公里的山从沟口到运林队，这大概需要4个小时的时间。逢上运气好，王健林能在路边搭上顺风车，运气不好时，就只能用一双脚“丈量”了。在这里，他每个月可以拿到三四十元钱。

王健林的主要工作是栽树，在林业工人里，这算是一个不太辛苦的活儿，每天发100棵小树，栽完下山。

除了栽树，王健林还干过另一项更为艰苦的工作——烧炭。把木材砍成一截一截，放在炭窑里烧，接着出炭，封窑。一趟活下来，周身乌漆麻黑，把烧好的炭抱去挨家挨户送给职工。

十五六岁的王健林，在从事同样工作的同事看来的确不同于同龄孩子，每天从住处到工作地，他要爬1个多小时的山，这样的情况持续了近一年，没人知道身在林业的王健林的脑子里想的是什么。

1969年，王健林刚刚体味人生从学生走向社会的转变时，珍宝岛冲突爆发，紧张的战事要求中方必须增补军人。此时的王健林，在营林处工作了1年多，他决定参军。他的另一番人生历程，也在此刻开始了。

新兵蛋子

万达的官方资料显示，1969年，这是王健林入伍的时间。王健林应该是那一年的12月正式参军进入沈阳军区守备三师的，不过按照部队的例制，他只能算是1970年的兵。王健林怀抱一腔热血，希望为国效力，这种热情值得赞许，可他的参军之路却是费了一番周折。

阿坝州属于少数民族地区，这里不征收吃商品粮的城市户口的青年参军，为了让王健林顺利入伍，秦嘉兰只能把他送到老家苍溪，在那里经历“上山下乡”后再进部队。

王健林刚冒出当兵的想法时，秦嘉兰十分支持，她觉得，年轻的一代应继承并发扬老传统、光荣传统，老大当兵，恰在情理之中。当时，与王健林一起进入森工局工作的职工子女共9人。在这9人中，王健林不算突出。大部分少年的旧相识对他的印象已无法与今天这个站在中国商业顶峰的巨富联系在一起，他们中甚至有人猜测，王健林若是没去当兵，一辈子都会在大金，最多能混个中层干部，其成就也许未必能超过他父亲。

从大金离开后，王健林在苍溪老家上山下乡，没多久，在这里当兵，去了吉林。他曾在一次采访中透露，自己离开老家的时候，母亲告诉他：一定要当“五好战士”，要争取超过自己的父亲。谨记母亲的叮嘱，王健林在入伍第一年，便成为母亲口中的“五好战士”，不负所望。

入伍后，王健林一直保持着给秦嘉兰写信的习惯，刚开始当兵时一个月两封，渐渐地，频率渐低，但习惯一直保持到去大连。前后相加，秦嘉兰那个存放儿子部队印记的盒子里，共盛装着300多封信。

王健林首次来到一个陌生环境的表现，他当年的一位战友曾在微博上如此回忆：“1971年初春，吉林省集安县鸭绿江边的大山深处的军营里来了一批新兵，这是我第一次见到王健林。他们当时属于特务连侦察班，新兵里面有四川和辽宁抚顺的，班长去挑选新兵时，他先选两个抚顺兵，然后走到一个又小又瘦的小兵面前问他想当侦察兵吗，他说愿意。”这个小兵就是王健林。

年少的王健林不如现今魁梧，军装大、皮帽大、皮鞋大，这些加在一个瘦小体格的人身上，看上去很滑稽。不过，与外形的“不堪入目”相比，清楚机会难得的王健林绝不是眼睛里揉沙子的主儿，他在沈阳军区守备三师当侦察兵的生涯中，历练出了盯准时机、敢于挑战的个性。

身为一名合格的侦察兵，除了正常的野外拉练，解除障碍、神不知鬼不觉地摸进敌人居所获取机密文件，以及用密码描绘军事图纸都是应具备的基本素质。除此之外，若是有必要，侦察兵们还需要在晚上去某个指定的坟地挨个搜索坟包，只是为了找到一张事先藏好的纸条。这一切，都意在锻炼他们的勇气和胆量。

王健林是新兵，可心里早就做好了接受各种不可思议训练的准备。日后，他在接受媒体采访时说，在参军前，他曾专门找来一本名叫《死亡学》的书籍研读，对未来可能遇到的一切都做好了预期。这种习惯，让他在军营里不断成长、不断突破。在未来的几十年中，当世人重新审视这个十五六岁就参军的男孩时，足可见其准备好了迎接一切未知的变化，并会迅速做出正确的反应。

来自军队的组织原则，让王健林不断吸收着提升自我的养分。他日，当组建起庞大的商业帝国时，他脑海中曾经留存的规则优势派上了大用场。

彼时的王健林，意气风发，从一个懵懂少年，到部队的侦察兵，他的人生在某种意义上发生了转折性的变化，即便他本人从未曾察觉，可事实不可否认。他在后来的商业活动中，将部队中经受的金戈铁马般的打磨，一一复制于商场，可谓“无往不利”！

有规划，不平庸

在王健林当兵的那个年代，国家还处在计划经济时期，作为普通的老百姓，能够到部队当兵“吃饱饭”已是一件十分幸福的事情了，还能苛求什么呢？虽然相对于地方老百姓，部队的日子好过一些，但部队在业余生活方面却十分贫乏。大家聚在一起聊聊天、唱唱军歌，便是唯一且最有规模的娱乐活动了，除此之外，几乎没有任何其他可以消遣的方式。不过，也正是在这样一种单调的部队生活中，王健林和战友们才学到了更多有用的知识、技能，没有把时间荒废在玩乐上。

此时的王健林，为自己的人生做了一个规划——学习。对今天的人来说，学习的辅助工具数不胜数，但王健林当时所谓的学习，也就是简单地通过书本学习。后来，王健林和几位战友一同报读了辽宁大学的函授班，虽然辽宁大学离他们并不远，但军人的身份却让他们无法去大学里就读，甚至连去听一堂课的机会都没有。

那会儿，除去白天的训练等必须要做的分内事，王健林和战友们几乎把所有的业余时间都用在了学习上。他们抓紧每一分每一秒，贪婪地吮吸着养分。

在并不优越，甚至说相对艰苦的环境下，王健林一颗心扑在了学习上，这让他不曾感受到部队里那种单调的生活所带来的寂寞和孤单，反而觉得自己生活得十分充实。其实，不仅仅是王健林，很多战士和他的心情一样。

从本质上来讲，王健林和他的战友们都处于青春年少的阶段，都是生龙活虎的热血青年，而他们之所以选择来到部队，是因满怀青春的激情，想要在部队里做出一番事业，也正因此，他们学习劲头十足。对知识的渴望是他们的共性，而为了提高学习效率，他们自发地组成了一个学习小组，每每遇到难以理解的问题，大家便聚在一起商议。

1974年，王健林完成了辽宁大学的所有自修课程，拿到了毕业证，这一年，他光荣地加入了中国共产党。这些成绩的获得，当然令王健林十分欣慰和兴奋，但他并没有因此而自我满足，他知道，这些成绩的获取只能说明一个问题，即他实现了某一阶段的自我梦想和自身价值，证明付出得到了回报。

军旅生涯中的自学，无形之中让王健林养成了学习的习惯，这让他此生受用。无论何时，在他内心深处似乎总有一个声音在召唤着他、激励着他，让他时时能感受到自身的不足，从而不断进取。

王健林拿到辽宁大学函授班毕业证后，并未因自身努力见到成效而沾沾自喜，反而对梦想的追求更为紧迫，这也从侧面证明，在经过了4年的军旅生涯磨炼后，他已从一个“娃娃兵”彻底成长为一名合格的军人。

在不懈的努力下，王健林的工作不断得到上级领导的肯定。随后，由于工作需要，他被调任负责宣传的干事。王健林对这份工作很陌生，他初中一毕业就来到部队，并没有在地方做过任何相关工作，但即便毫无经验，他也未曾打过退堂鼓，反而以极大的热情投入到了工作当中。

在工作中，遇到不懂、不会的地方，他便向其他战友请教，没过多久，他便适应了宣传工作。王健林对待任何事都有着锲而不舍的精神，他也因此再度走到了整个军区众多宣传干事的前列，多次得到军区的通令嘉奖，而且每年都会从军区政治处拿回几张奖状，甚至还因在宣传工作上的突出表现立了功。

如果说，一个人取得一次成功是偶然的话，那么他不断获取成功，便必有因由。这是一种非凡的能力，而这种能力绝非唾手可得，在王健林看来，非通过不断学习才行。直到后来他创建了万达帝国时依然认为，一个人如果不去学习，便注定平庸。

1978年，辽宁省大连陆军学院开始招生，当时该学院只招收来自沈阳军区的优秀军官和战士。那一年，王健林以排长的身份被推荐到陆军学院步兵一大队二中队二区队八班。在陆军学院里，王健林给战友和老师们留下了深刻的印象，关键词通常包括勤奋、善良，以及喜欢独立思考。

第二年8月，王健林以优异的成绩于大连陆军学院毕业，并光荣地留在学院大队任职参谋。那时的王健林，的确是千里挑一的人才，整个学院共有几千名军官训练生，留校的唯有两三人，他便是其中之一，这足以说明一切。

而在任职参谋期间，王健林表现出了自己的文艺气质——写文章和诗歌。

当时，大家在一起闲聊时，王健林总会拿个小本子做记录，用不了几天，他便有作品见诸报端，包括新闻、随笔或者评论，那时的《大连日报》《人民日报》《解放日报》，都成了他的“用笔之地”。当时，沈阳军区独立办了《前进报》，这仿若王健林的“专栏”。

王健林的文艺气质不局限于写文章，写诗、拉二胡也是他的特长。

王健林很喜欢海子、顾城、亦舒等文学家及其作品，不过，他很有写实情结，所创作的作品多是表现军旅生涯和战士训练，甚至不乏在诗里喊些口号。

总是不按常理出牌但十分有规划的王健林，始终用自己的学习方式一直优秀着。

将军梦

随着时间推移，王健林的才能已在军营里逐渐展现。

因为文笔好，部队为了不埋没人才，向上一级申请汇报后，将其调到学院的宣传处当干事。其间，王健林最主要的一项工作是负责和外面的高校联络，帮助陆军学院里的军士们进行学业深造。

通过不断的学习，王健林不仅在短时间内从一个战友们眼中的“娃娃兵”蜕变成了一名合格的军人，同时也成为一名受到上级赞赏的军官。此后，随着能力的不断提升，他从一名参谋、干事被擢升为正处级的团职干部。

1982年，王健林28岁，他的人生逐步迈向云端，未来有着更为强劲的发展潜力。他对此不沾沾自喜，从未停止追逐梦想的脚步。此时，由于部队工作的需要，在上级的安排下，他又被任命为部队的某处处长。在他看来，只要是工作需要，无论上级安排他做什么，他都会想方设法把这任务圆满完成。他一头扎进工作中，一干就是两年。

在这两年中，王健林一边摸索着工作，一边认真学习相关的知识，逐渐对行政管理和财务管理工作有了更深一步的认识，这为他日后执掌上万人的万达集团打下了坚实的基础。而在当时，王健林这种“频繁”的工作变动，也使他的知识面在潜移默化中得以拓展，综合能力得到了极大的提升。

1983年，辽宁大学党政专修班里出现了王健林的身影，3年后，他以优异的成绩毕业，并拿到了经济管理专业的学位。那时的专修班与今天的大学一样，也分有各个专业，大部分战士都选择与军事化管理沾边的专业，为的是以后学以致用。而如经济、工商和文学之类的课程，在当初是地地道道的冷门，几乎没什么人报名。

1986年，王健林成为陆军学院管理处副处长，属副团职干部。年纪轻轻就走上这个岗位，实在罕见。他在管理处的主要工作是负责整个学院的后勤保障，同时，与政府以及个人打交道也在其职责范围之内。管理处的工作，让他接触了更多外面的世界。那时，他的社交能力不断提高，认识的人也更高级，处理的事情也更复杂。

那时的王健林虽然手中“有权”，却一点架子没有，从不得罪人，留给他人的都是好印象，每每有外界人士想与学院联系，他都会尽力安排。或许，也就是从那时起，他内心萌生了离开的念头。

随着能力的逐渐提高，王健林心中的“将军梦”也变得越来越清晰。而当他开始“谋划”如何才能为实现“将军梦”到更广阔的空间学习、发展时，一件考验他的事情悄然来临。此事来得太过突然，王健林根本没有做任何思想准备。

1985年中央军委做出的一项令世人瞩目的决定——将中国人民解放军减员100万，使王健林的人生发生了重大的改变。在如此声势浩大的百万大裁军中，王健林作为一名军人，又会有怎样的选择呢?

转业——舍我其谁

当“百万大裁军”的命令下达之后，王健林所在的部队炸开了锅，这种裁军与平常的退伍转业还不同——退伍或转业的军人都会提前知道，有心理准备，但裁军的命令却来得十分突然，并且裁军是各军区根据自身的整体情况而决定进行的，这也就意味着，谁都有可能被裁。

突然间说不准什么时候就要脱下军装了，战士们的心情都很沉重，王健林也一样——他是带着梦想来到部队的，通过一直以来的努力，自己的梦想在部队里一点点得以实现，可正当铆足劲向梦想之巅迈进时，却宛若一脚踩空一般，从云端跌落。

王健林这样问自己：真的不穿军装了，我能做什么呢？这样的困惑对15岁就来到部队的他而言，是个挺难回答的问题。但是，没过多久，他便想明白了这个问题——父亲不就转业了嘛，并且转业后在新工作岗位上也一样做得很好。

王健林想了很多，也比别人想得更长远，他想搞清楚国家此次做出“百万大裁军”的真正目的。他知道，国家正准备大力发展经济，但是力气不足。对于国家而言，消耗最大的部门自然是军队，军队是国家安定的保证，可和平时期的军队要做到精而不追求量——国家把大笔的开支都用在了军队身上，自然就无力去推动地方经济的发展了。而一个国家若是无法实现繁荣富强，这个国家的每一个人也就都难以实现自我的“小理想”。

有了这种深层次的思考，王健林果决地做出了一个令所有人都感到意外的决定：响应国家“百万裁军”的号召，申请转业。

一个老兵主动做出告别部队的决定，这是需要很大勇气的，王健林的这一决定却做得极为果决。当时，不少领导曾在私下里做过他的工作，王健林经过认真思考后，依然没有改变这一决定。他在那一刻明白了，自己之所以会冒出转业的念头，一来是从国家的大局出发，再就是他相信，即使转业到地方工作，也一样可以做好。

1986年，带着这些想法，王健林毅然地脱下了自己穿了17年的军装，虽然铁打的营盘没能留住优秀的王健林，但17年的军旅生涯却给予了他太多，比如强健的体魄和顽强拼搏的意志，坚强的性格和正直的品质，不怕困难勇于学习的精神和因此获得的渊博知识，以及果敢的处事能力，这些对于王健林都是一笔宝贵的财富，甚至可以说，这些是他日后成就万达辉煌的有力保障。

王健林脱下军装后所走的路并不平坦，但他血管里流淌的军人血液却时时激励着他，让他一步步打造出了自己的地产“帝国”。

第二章

地产“帝国”

初试牛刀

离开军营之后，王健林并没有立即一头扎进当时逐渐流行的“下海”创业浪潮，他根据自己在部队中所积累的政府关系和自身强项，审时度势，选择进入体制内。

王健林在部队的表现都一一被记录在档案里，如此优秀的军人，在体制内也一样会被重用，鉴于此，他成了大连市西岗区政府的办公室主任。

大连是海滨城市，西岗区政府的办公环境也很好，王健林上班的第一天，还没来得及熟悉一下整个区政府的环境，认识一下主要领导，就到了吃午饭的时间。这时他发现，很多同事都到外面去吃饭，他有些奇怪，问身边的一位同事，大家缘何不去食堂吃饭？他得到的回答是：政府没有食堂。

通过进一步询问身边的同事，王健林得知，其实并不是区政府不想建食堂——建食堂容易，可通不了煤气。怎么通不了煤气呢？是因为区政府的有关部门根本就没有办使用煤气的手续，即在用煤气方面，区政府是一个没有户口的“黑户”。

王健林并不觉得这是多么难办的事，只要符合液化站的相关规定，手续齐全，哪里会搞不定这件事？一番周折，他联系到市里负责安装煤气的总工程师，把问题反映给他。不承想，那位工程师一听说“西岗区政府”，不禁连连摆手，不再理会王健林。吃了几次闭门羹，王健林心里犯嘀咕：为什么这个总工程师会这样？

一时间没了下文，王健林仍不死心。一有时间，他就会往那位工程师所在的单位跑，哪怕是见了面对方扭身就走，他也毫不动怒。他想的是，无论如何也要把煤气的事情解决。尔后，几经周折，王健林在这位工程师所在单位的传达室人员那里，打听到了他家的地址。

这天，王健林到这位工程师的家里拜访。工程师一见是王健林，“砰”的一声就关上了门。王健林也不生气，此后几次三番厚着脸皮去拜访，这位工程师终于被他的诚意所感动。在王健林又一次登门拜访时，工程师终于道出了事情的原委。

原来，区政府刚刚建成时，相关的办事人员找了这位工程师商谈安装煤气的事，恰逢这位工程师当时手上正忙着其他事，或许态度上有点怠慢了对方，没想到对方当即发怒，讲话十分难听。由此，这位工程师心里压着一股火，后来，双方曾再次就此事见面商谈，可每每想起上次的不愉快，两个人就又针尖对麦芒。如此一来，彼此的“宿怨”就结下了。

工程师把心里的委屈都给王健林倒了出来，西岗区政府迟迟办不下来的使用煤气的手续，也就在王健林手里很快有着落了。不仅如此，王健林又“重操旧业”，做起了另一项以前在部队时曾做过的工作——亲自负责区政府食堂的采购。他利用自己在部队时对财务知识和管理知识的掌握，首先对采购进行成本控制，在有效控制成本后，他将节约下来的资金投入到改善同事们的伙食上，此举赢得了同事们的普遍认同。这也是在他走出部队之后，第一次展露自己的经济管理能力。

1988年，当了两年西岗区政府办公室主任的王健林已经熟悉了体制的工作流程，并和各方面建立了良好的人际关系。

这时，出了一件令西岗区领导十分头疼的事——西岗区政府下属的住宅开发公司由于历史原因，加上当时社会上根本没有做生意这个概念，所以尽管为了使这家公司发展下去，西岗区政府曾多次更换了住宅公司的经理，可非但没有获得什么显著效果，反而因公司管理层不断变更，使得这家公司宛若一只在风雨飘摇中的小船，负债数百万元，成了一个“烫手的山芋”。

数百万元，在20世纪80年代末到90年代初那段时期，几乎是一个天文数字。而一个区级住宅开发公司负债如此之多，可想而知公司已经糟糕到了何种程度，甚至可以说，它距破产仅一步之遥了。不过，由于公司是西岗区政府成立的，倘若真的让其破产，必定会留下后遗症。左右权衡之下，西岗区政府无奈，只得面向全社会公开招贤。王健林一如当初面对军委“百万裁军”的命令一样，毛遂自荐，要求出任住宅开发公司的经理。

对于王健林的举动，不仅他身边的很多朋友和同事颇为不解，就连西岗区政府的领导也格外诧异，并有喜忧参半之态。

他们喜的是，王健林自来到西岗区政府后一直表现突出，也是区政府“内定”的后备力量，由他出面收拾住宅开发公司的烂摊子，没准会像建食堂一样搞出新名堂。同时，王健林挺身而出，也缓和了政府方面的尴尬。

而政府领导们忧的是，如果让王健林去接手这个“烫手的山芋”，万一他像其他人一样“兴冲冲而去，灰头土脸而归”的话，那么对他未来的前途必然产生不良影响，而且他这一走，内部就少了一个好帮手。到底该如何是好呢？

鱼与熊掌不可得兼，区政府领导们权衡再三，又与王健林谈过几次话，最终做出决定，任命王健林为西岗区住宅开发公司的经理。

改变现实，首先要从改变思想开始。王健林要改变公司的现状，他自己的想法、做法也得改变。他大刀阔斧地在公司内部进行改革，认真研究公司不合理的管理规定，一旦发现阻碍企业发展的条文，立即修改，甚至将其废除。他改革手段之强硬、迅猛，便是来自他骨子里那种铁血精神的军人作风。

带着新思路，王健林积极让员工树立“开动脑筋”“先开后发”“主动出击”“跳出思维的框框”等工作作风，从而使得西岗区住宅开发公司从“一潭死水”中走了出来，开始以新面目重生。

就在接手公司的这一年，王健林接下了南山住宅的开发项目。做此项目时，他的改革方案充分地发挥了作用。

此前，西岗区住宅开发公司在做一个项目时，由于员工不思进取、无所作为，导致工程延期，工程质量也不尽如人意，从而使很多人对该公司产生了不满情绪。

然而，王健林毕竟是房地产行业的“门外汉”，虽然他带领员工在南山项目中颇有收益，算是打了一个漂亮的翻身仗，可与公司所欠的债款相比，实在是微不足道。为了尽快让公司咸鱼翻身，不久，王健林又做了一个惊人的举动，他接手了很多同行前辈看不上眼，或者说没胆量去碰的项目——旧城改造。

当时，很多同行都取笑王健林，说他以为自己得到了幸运女神的眷顾，在南山项目中有了一点小成就就不知天高地厚了。区政府领导也因此为王健林捏着一把冷汗，他们不知道王健林是否还能如以往一样，再次给他们带来惊喜。

再次接了“烂摊子”的王健林，在各方舆论一边倒的情况下，不愿意放弃到手的生意，最后还是决定放手一搏。对于所有涉及利益的问题，他的打算是：待房子改造好，一平方米多卖几百元钱，所有问题自然会迎刃而解。就这样，他带领着西岗区住宅开发公司的员工迎难而上。他安慰手下员工：“如果我们能把房子卖到每平方米1500元，我们就可以挣钱了。”

面对王健林抛出的“每平方米1500元”的价格，不少员工纷纷表示质疑，王健林却很乐观，称只要动动脑筋，想办法让价格“飙”到那个位置就可以了。

紧急情势之下，王健林和他的团队在一起反复探讨，在研究了房地产方面的知识后，最终决定采用四个小小的创新：

第一，推出“大高层概念”。当时在大连市根本没有“高层”的概念，所以西岗区住宅开发公司想要在这一点上吸引消费者的注意力，建起了30层的高楼。这些高楼后来被称为“万达高层”（西岗区住宅开发公司后来改名为大连万达股份有限公司）。

第二，在设计上创新。公司不仅推出了130多平方米的大户型，还率先在屋中设计了明窗大厅，更采用了铝合金窗。在当时，几乎所有的房地产公司都没有推出过大户型，更没有明窗与暗窗的概念。

第三，为每套房子建造大约5平方米的洗手间。在当时，不是所有的普通住房都配备洗手间，大多数人只能捏着鼻子忍受公用卫生间里难闻的味道，而唯有那些有身份的人——比如县团级领导，才能住上带洗手间的房子。在这方面，王健林仍是走在了前头。

第四，安装防盗门。时值“盼盼”防盗门刚刚出现，每扇只不过八九十元钱，王健林认为它比木头门结实，成本却并未增加太多，于是给每家每户都安了一扇防盗门。安上之后，整个房子观感完全不同，这也是当时最大的创新。

除了这“制胜四点”，在市场营销这一块，王健林也展现出了独特的思路。他首先想到打广告，但一开始遇到了挫折。那时候，大连市还没有可随意打广告的都市类报纸，整个城市只有两份官方报纸，广告版面非常有限。

几番思量，王健林思路一转：干吗不去跟电视台洽谈合作呢？当时港台电视剧方兴未艾，若是能在电视剧前和中间插入广告，相信效果肯定不错。就这样，他积极与电视台取得联系，并获得了插入广告的时段。随后，电视剧播出来，众多市民都看到了王健林的房产广告。

在20世纪80年代的大连，住房条件普遍较差，王健林开动脑筋，只是改动了几处小地方，却极大地改善了居住质量，受到了市民的欢迎，王健林也因此获得了预想的利润。更为关键的是，通过这个项目，王健林除了利润上的收获，还与政府缔结了良好的关系。

改制，万达诞生

房屋改造取得了巨大成功，王健林知道，成功的背后有员工辛勤的汗水，虽然公司获利巨大，付出了辛苦努力的员工却无法分享到这份丰厚的成果，毕竟当时的他还没有权力奖励员工，每每想到这些，王健林的心里便有些苦涩。不过，考虑到很多员工都想通过某种形式来释放自己对公司所取得成就的喜悦之情，他决定五一组织员工进行一次旅游。

然而，一些心怀不轨的人在五一后上班的第一天，就跑到大连市纪委举报王健林，说王健林严重违反了市委纪律——滥用公款、大吃大喝。欲加之罪，何患无辞。既然想栽赃，就不愁没话说。这样一顶大帽子扣在王健林头上，是够他喝上一壶了。滥用公款，是一项十分严重的违纪行为——国家当时正在严查贪污腐败，虽然王健林的行为并非贪污，却有一点“腐败”的苗头，思及此，大连市纪委决定给予王健林警告处分或通报批评的严肃处理。

经过西岗区纪委工作人员一番斡旋后，大连市纪委方面也做出了让步，其工作人员称：“虽然我们也可以理解王健林的做法，可以不给他通报或者警告处分，但是，一定要对他进行批评，给他敲一下警钟，以免他再犯类似的错误。而且，由公费支出的人均200元的旅游费用，西岗区住宅开发公司的员工要将其补回来。”

虽然此事就此平息，可王健林内心却不再平静——他想的是，员工为企业做出大贡献后，应该得到应有的奖励，若没有奖励机制，员工哪里还有动力？他还思考了公司面临的其他问题，这些问题让他愈发无奈，改变之意愈烈，“万达”后来的“不安分”，也就在此时王健林的身上一眼可窥了。

西岗区住宅开发公司有西岗区政府的背景，算是国有企业，而当时国有企业自身固有的体制在很大程度上成了企业发展的桎梏。王健林担任西岗区住宅开发公司经理一职后，接二连三地遇到了很多现实难题。

第一个难题是，王健林没有录用与辞退员工、任免干部的权力。

第二个难题是，王健林没有根据员工为公司做出的贡献分配员工薪酬的权力。

作为公司一把手，却不能按劳分配，这样的老大做得实在没滋味。加之之前员工旅游一事，王健林更是无法容忍自己的权力被架空、宛若傀儡一般的现状。经过细致分析，王健林对于眼下的难题了然于胸——公司的体制是一切棘手问题的罪魁祸首，要想从根源上改变公司现状，就必须改变公司体制。

就在王健林苦苦思考如何改变西岗区住宅开发公司的体制时，一个振奋人心的消息传来了：国家体改委和大连市体改委决定，在大连市选择三家先进公司，让其作为东北地区的第一批股份制试点公司，这是1992年。

王健林听到这一消息后，不禁大喜，他意识到机会来了，于是积极地申请这一名额，国家体改委和大连市体改委看到了王健林的积极态度，加上很多国有企业都不希望改变公司现状，同时王健林领导的公司做得有模有样，成绩一目了然，也就给了他一个名额。如此，王健林成功地获得了对公司进行全面体制改革的机会。这是王健林人生中决胜的一步。获得这个名额后，西岗区住宅开发公司被“大连万达集团股份有限公司”代替。

筹措资金置换了国有股份后，王健林正式成为公司的所有人和控制人，这是一次历史性的变化。今天来看，王健林的这次改制意义再怎么强调都不过分，从此以后，万达可以摆脱束缚，参照市场规律，按照王健林的意志，在更广阔的商业海洋里搏击。

这次公司名称的变化，远非表面看起来那么简单，毕竟体制不同了，所有权的分配也随之不同。从这时起，更名后的大连万达集团股份有限公司将不再受限制，它将插上自由的翅膀，展翅遨游于苍穹之上，王健林本人，也正式开启了属于自己的万达时代！

成功改制后的万达，成了王健林实践梦想的舞台。野心勃勃但对商业历练不深的王健林，也跟随着当时的风潮，试图走一条多元化的道路。他投资了制药厂、电梯厂，甚至还有变电站设备，不过，由于合作伙伴或专业化程度不够等原因，这些产业和投资都以失败告终。

多元化的暂时失利，让他看到专注某个行业的价值，因此，此后的一段时间，王健林拒绝了去内蒙古买煤矿、搞投资的建议。他坚持扎扎实实做实业，在熟悉的房地产领域精耕细作。而凭借着在大连本地丰富的人脉资源以及不断积累的经验和资本，在房地产领域，万达集团做得红红火火，后来逐步成为大连首屈一指的地产开发商。

发展越迅猛，随之而来的问题也就越多，这是考验企业的关键期。1996年初，稳健发展企业的王健林，未雨绸缪，针对业内质量低劣、面积短缺、欺骗销售的普遍现象，在全国房企中率先提出“三项承诺”：第一，保证不渗漏；第二，保证房子面积不短缺；第三，自由退款。

三项承诺，在当时中国国内房地产市场上引起的争议和影响力非常之大，为此，大连市政府曾专门下发文件，号召全市建设系统向万达集团学习。巨大的影响力也确实给王健林带来了意料之中的成功。

截至1998年，在大连市，万达年销售额近30亿元，占据全市房产市场25%的市场份额，万达帝国，就在这一片呼声之中慢慢崛起了。

商业地产第一枪

王健林之所以坚持不懈地开发新产业，一方面是想让万达获得稳定、长期的收益；另一方面，是因为王健林对商业信息的敏锐，他认为，万达仅仅靠开发住宅地产一条腿走路是走不长远的。

王健林发现，住宅房地产虽然发展前景很好，但有一个不容小觑的缺点——现金流不稳定，有项目销售的时候，公司就有现金流；一旦项目卖完，需要重新买地，公司的现金流就会降下来。出于这样简单的利益考虑，为了寻求稳定的现金流，万达必然需要重新探索。而直到2000年，万达才决定把商业地产作为企业的支柱产业来发展。

2000年5月17日，属于万达的“遵义会议”隆重召开。在这次董事会议上，王健林抛出了大力发展商业地产的大计划，他的说法是：卖住宅收钱，是一锤子买卖，而商铺既可租，又可卖，还可以自营，能长期获利。

从发展的角度看，王健林的想法没错，可遗憾的是，并非所有人都一样高瞻远瞩。集团内部对他的计划不敢苟同，不少元老开宗明义，直言商业地产计划不适宜当前的发展，或许会自讨苦吃。

面对不解和质疑，王健林坚持己见。事实上，他也曾犹豫不决。在商业地产上做文章，前辈之中早有开路先锋，可多数都是铩羽而归。然而他想到，万达若想走出大连，成为全球性连锁企业，那么上马高端商业地产项目则是大势所趋。

执拗的王健林最终决定：用5年时间来实现万达的转型，如果到2005年仍不能有起色，便马上撤出。王健林是想给自己一次机会，更想让自己的团队经历一次前所未有的挑战。

万达决定转型开发商业地产后，推出的第一代产品就是万达大厦：这是一种单体高层，高层写字楼或者公寓用来出售，一、二、三层用来招租户做商业广场。当时，万达在商户资源方面基本是空白，进场的往往是一些小型商场和酒楼，由于承租的大小商家们经常拖欠租金，逼得王健林专门成立了一个“收租队”，费时费事，回报也很不理想。

为了改变这种窘境，王健林转变了思路，决定与更有实力的租户合作，并为此提出了“向世界500强收租”的大口号。当时，沃尔玛登陆中国不久，亟须寻找商场资源拓展市场，而万达则可利用沃尔玛的知名度和影响力打开局面。

经过几次商谈，沃尔玛的这位副总裁并未松口同意，王健林无计可施，几经辗转又找到了当时沃尔玛亚太区首席执行官钟浩威。一番磋商后，这位首席执行官有所保留地表示，暂不提战略合作之事，不妨先搞一个试试，看下情况再说。

就这样，前后耗费半年多时间，双方共有几十次磋谈，最终，沃尔玛方面点头答应与万达合作，在吉林省长春市合作第一个万达广场。这算是万达商业地产计划的第一枪。

订单策略

万达在商业地产项目上的崛起，有赖于王健林采取的一种被其命名为“订单商业地产”的营销策略模式：即先找知名商家签租赁合同，然后盖商场。可以说，订单商业地产模式极大地降低了商业风险。

而在诸多知名商家中，王健林最先打算合作的就是极具号召力的沃尔玛。当初在长春万达广场项目拿下之前，王健林找沃尔玛合作可谓四处碰壁。最初王健林连沃尔玛的负责人都联系不上，不过随着他坚持不懈的努力，终于和沃尔玛主管发展的副总裁碰面了。

虽然王健林得偿所愿，但是第一次碰面他完全能够感受到对方对万达的轻视。几次三番后，沃尔玛才勉为其难同意和万达项目合作。而合作的第一步准备工作，就是选址。在沃尔玛得知王健林将万达广场的选址定为长春后，他们的发展总监一口否决了，因为沃尔玛以前在美国选址的时候，只会选择郊区，从来不会选择城市，更不会选择城市的中心。

王健林有自己的想法，他不愿意就此放弃。最后，他亲自找到了沃尔玛亚洲区总裁，并对他阐明了万达的具体构想。沃尔玛亚洲区总裁听后，觉得构想的可行性非常强，于是他到长春的万达选址做了考察，认为可以一试。由此，长春万达商业广场成功开业。

事实上，王健林早就预料到自己的这一决策会取得成功，但是他并没有想到长春万达商业广场开业后会如此火爆。而沃尔玛看到这样的情况，放下了高高在上的架子，决定再和万达签5个市中心店的合约。

王健林将极力争取来的与沃尔玛的合作项目，逐渐发挥出了其固有的潜在价值。作为入驻长春万达广场主力店的沃尔玛，也很快以其丰富齐全的商品、舒适的环境和让人信赖的品质，获得了消费者的青睐。

沃尔玛的转变，让其他商户闻风而动。据说，万达早期在和沃尔玛合作时，基本上秉承着“半租半送”的思想，长春万达商业广场的成功，让其他商户看到了其背后可以赚取的巨大效益，因而他们纷纷跑来与万达合作。

万达早期在与沃尔玛的合作上吃了一点亏，但其背后的广告效益却不容小觑。而且，随着万达的发展，它与沃尔玛之间的地位，也在无形中发生着一丝微妙的转变。这不失为王健林“舍少取多”经营大计的现实版本。

随着万达的发展，与其合作的商家也逐渐多元化起来。比如，与其合作的超市除了沃尔玛以外，还有家乐福、TESCO、华润等，而且其中的大多数商家表示，只要万达愿意合作，他们甚至愿意放弃选址的权利。也就是说，万达将万达广场开到哪里，他们就会到哪里和万达签约。

在商业地产领域几年摸爬滚打下来，王健林已经对这一行洞若观火，可以优化业态的分布。比如，在各大城市的万达广场，餐饮店铺始终集中在顶层。这也是王健林的首创，他还为此发明了一个理论名词——“瀑布效应”。他分析：“中国人的特点就是好吃，你把各种美食弄到一起，做到最上面一层，他为了吃，就会跑上去；下来时他必须经过一些路径，这样就能增加顾客的滞留时间，就像瀑布一样，从上面一点点流下来。”

同时，缘于和沃尔玛签订的长期战略合作协议，万达发展出的“订单式”也逐渐成熟。在万达项目开工之前，关于主力店招商的问题已得到妥善解决，整个项目超过一半以上的租赁面积已名花有主。在实际操作中，王健林也极为“人性化”，即搞清楚大租户的需求，继而按需定制，为租户量身打造。商业地产成功的要诀之一，就是要为租户考虑，租户赚到钱，万达才能赚到钱。

万达的“订单商业地产模式”实现了在最短时间内带动周边区域发展的目的，这使得其所在区域成为新的“城市人气中心”。据悉，这样的人气中心，平均每日有8万～15万人的客流量，高峰时，甚至逼近30万人。显然，这极大地提升了消费需求和城市的繁华程度。

后来，这种订单商业地产模式演变为万达集团的核心竞争力之一，王健林自豪地表示，这种“订单地产”模式，令众多商业地产跟进者模仿，但始终未曾被超越。

产业转身

万达依托大连，经过不断发展，成为大连住宅地产的王者，然后开始了其全国性的商业扩张。王健林踩准了这些关键节点，使得万达在房地产开发商中脱颖而出，成为具有全国性影响的知名开发商。

其实，王健林很早就把视野瞄向了全国。早在1993年，他就开始尝试在广州开发房地产项目。在那个年代，民营房地产企业跨区域开发还非常罕见，广州工商部门甚至不愿意受理万达分公司的注册，王健林迫不得已，通过借用当地某华侨开发公司开展业务，虽然过程一波三折，但走向全国一直是他的梦想。

真正让王健林走向全国的，是万达的商业地产模式。从2001年开始，王健林的万达集团以商业单体的方式勇往直前，冲向多个城市中心，其具体的表现形式就是万达大楼或万达广场，而每个大楼或者广场都要配备大型超商、电影院线、商铺以及美食城，在商业地产领域的发力使得原本寄居一隅的万达集团开始在业界初露锋芒。

万达广场在其发展过程中，出现过三种业态。

第一代商业地产称为单店。顾名思义，一个单体建筑内囊括了全部业态，总面积在5万～6万平方米，具体的操作流程是：先建造一座商业大楼，万达集团会利用大楼的第一层开设一些精品店，第二层开设超市，第三层开设家具店，第四层则是电影院等。此种模式的代表作即长春万达商业广场、青岛万达商业广场、南京万达商业广场。

第二代产品有所升级，称为组合店。这一产品产生于2003–2005年，它是由多个单体店组成，面积一般在10万～15万平方米，包含百货、超市、影城等近10种业态，此种模式的代表作有天津万达广场、南宁万达广场、武汉万达广场等。

在这期间，为了吸引更多的消费者，万达集团的第二代模式开始尝试多元化发展，不断引进电玩、百货、餐饮等新业态，更重要的是，万达开始注重自己商业地产的规模。

万达的第三代是城市综合体，也被称为 HOPSCA——H 是酒店，O 是写字楼，P 是公共空间，S 是购物中心，C 是文化娱乐休闲设施，A 是公寓。城市综合体，是万达集团的核心竞争优势，是一站式消费场所，全方位满足人们的消费需求，等于重新创造一个城市中心。此模式的代表作，是上海万达广场、北京万达广场、宁波万达广场、成都万达广场等。

在万达广场第三代商业模式中，万达集团还建立了室内步行街，让几大主力店铺围绕着这个步行街布局，而不再是各守一方，这是万达集团在商业地产设计上的一大创新。

从2000年开始转型做商业地产，到2005年万达城市综合体推出，历时5年，万达完成了一个漂亮的转身。客观地说，到2005年，万达集团已经在全国享有极高的知名度，并且其第三代城市综合体模式已经成熟。不过，在全国开发商阵营中，万达的实力和影响仍远不及万科，甚至不及2007年上市的碧桂园。然而，王健林发挥极致的融资能力，使万达集团一直快速扩张。到2007年，万达集团在全国已经拥有数十个万达广场，在商业地产领域遥遥领先。

2008年美国次贷危机爆发，中国经济出口引擎熄火，中央政府决定，采用财政扩张政策刺激经济发展，国家拿出“4万亿”来刺激经济。此时，货币政策相对宽松，加之危机波及领域甚广，地方政府希望把手中的土地尽快“变现”，而银行一样希望有大主顾多多贷款的局面开始形成。

当时，银监会每个月都会盯着银行的放贷指标，看其是否达到了基准线。如此，当一些大房地产开发商有申请贷款的需求时，他们基本是“二话不说”。

王健林很好地抓住了这个历史性的扩张机遇。“这样的机会以后还有吗？”他曾在一次演讲中谈到当时的危急时刻，“很多人被形势吓怕了，不敢将项目揽入怀中，万达2009年初又乘胜追击了十几个，土地的价格低得惊人。”

美国的次贷危机，波及了全世界范围内的众多领域，大部分行业受其影响巨大。不过，睿智的王健林却依托于此迅速发展万达，使其发展曲线呈现出“V 形”，快速将原本一直领先它的大公司抛在身后，这样的结果实在惊人。

这一阶段，万达得以迅猛发展，还得益于以万达城市综合体为主要形态的万达模式十分契合地方政府的口味。万达这种综合开发模式，体量大，投入大，对本地经济的促进作用十分明显，同时万达广场引入众多国际和国内一线品牌，往往又提升了城市的整体形象，因此他们有充分的动力寻求和万达合作。

在与地方政府的合作中，项目不断变大，占地面积从几百亩到几千亩，建筑面积从几十万平方米到上百万平方米，投资金额从几十亿元到几百亿元，商业广场、购物中心、旅游文化、度假区等概念不断被植入万达模式中，由此，万达的第四代产品——万达城，正在逐步形成。

万达模式

万达有一句著名的口号，就是“一个万达广场，就是一座城市中心”，这一口号反映的是万达集团再造城市中心的实力和能力。万达集团利用自身的优势，可以在全国众多的二三四线城市选取合适的位置，来快速建立万达广场。目前，万达以每年平均20个万达广场的速度，在中国广袤的版图上急速扩张。

这不但确保了万达的品牌效应和急速创收，也让万达广场的模式深入每一个城市的消费人群。在各种模式下，万达集团的发展策略深刻地改变着一个城市商业模式的发展。

一个典型的例子是，在银川这个人口刚刚超过200万的二线城市，万达集团投入了三个地产项目，历时3年时间，斥资75亿元，共兴建两座商业综合体。那么，作为非一线城市的银川，如何能使得万达集团如此重视呢？这都源于当地人对城市综合体的渴望。

2011年，银川金凤万达广场正式开业，前4天，便创造了超过80万人次的入场购物佳绩，这显然是敦促万达继续在银川深耕细作的先期基础。

至2012年，金凤万达实现了8亿元的营业额，仅用一年时间就登上了全国70余座万达广场收入增幅第一位的宝座。而西夏万达广场开业仅两天，客流量就高达69万人次，营业额高达3900万元。

2006年时，万达集团在银川地区建立了自己的地标首站——万达影城东方红店，这在当年成为轰动一时的大事，也因此让越来越多的人重新走进了电影院。这也是万达近几年来进驻一个城市的通常打法，先通过一座电影院或商场进驻该地，让万达的品牌逐渐深入人心，然后再逐渐进驻万达广场乃至城市综合体。

事实上，当时不少人都已经意识到，万达影城进入东方红广场后，其实已有了城市综合体的雏形。

按照“万达惯例”，其城市综合体会将商业、商务、居住等多种功能集于一身，实现一站式购物、餐饮、健身、休闲、娱乐、办公等服务。

果不其然，5年后，金凤万达广场正式诞生。吃、喝、玩、游、娱、购，这里满足了人们休闲娱乐的全部要求，而酒店式公寓和商务写字楼的出现，也把工作方面的事情一同解决。

金凤万达广场自开业起便一路飘红，2012—2014年，每年的营业额都以超过2亿元的速度递增——8亿元、11亿元、13亿元。

值得一提的是，购得金凤万达商铺的业主中，10%是外地人，西夏万达的业主中也不乏外地人的身影，这进一步凸显出银川区域中心城市的价值。

在某种程度上说，银川商业格局正是因为万达的进入，才逐渐从单一性变得多样化，这对银川和万达而言都有着极大的益处。

王健林通过对商业地产的复制，确实也将万达广场的触角伸向了中国的各个区域，并在各地不断生根发芽，开枝散叶。与其说这是王健林的保守式扩张，还不如看成是他对万达模式的一种自信，只要有万达的牌子，无论到哪里，都一样会吸引大量的消费者。

第三章

足球之缘

万达足球队

1994年，万达集团刚刚成立的前几年，尚处于发展初期，全国上下大部分人都不知道它的存在。人们开始对“万达”熟记于心，源自万达建立的大连万达足球俱乐部。

万达足球俱乐部，既让外界开始熟知万达，也让万达集团的品牌得到了人们的认可。或许有人会发出疑问，王健林不好好搞地产，缘何会建立足球俱乐部？而这一足球俱乐部的建立，究竟是足球改革的试验田，还是万达的华丽转身呢？

在中国，大连人民对足球的热爱有目共睹。这座城市曾贡献了最多的国脚，可以说大连是国足选才的仓库，国足踢得不好，大连的国脚们首先被指责。

改革的信号，让喜欢足球的大连人闻风而动，脱离专业队体制，也让地方足协开始摸索成立俱乐部的可能性。

早在1991年的全国足球工作会议上，原著名国脚、中国足协副主席、大连市体委主任盖增圣，就在小组发言中提出了成立“足球特区”的设想，这得到了当时分管体育的市领导的支持。

国奥兵败吉隆坡两个月后，大连市体委正式向国家体委提交办足球特区的报告。5月8日，体委即批文，同意大连成立足球特区。一直与体委保持良好关系的王健林无疑看到了自己的机会。他所掌握的资本正是办足球特区最需要的，而俱乐部建制、企业成为主体、媒体转播时对企业品牌的扩大宣传，都是万达在扩展中可以仰仗的平台。就这样，400万元的赞助，让万达成为大连体委在筹备成立足球俱乐部时首先考虑的合作伙伴。

1994年3月8日，在职业联赛第一个赛季开赛前一个多月，万达足球俱乐部宣布正式成立。

万达足球俱乐部的球员原本就拥有一定的能力，再加上有了雄厚的资金，犹如锦上添花，一发不可收，取得了8次夺冠的好成绩。雄厚的经济实力是万达足球俱乐部8次夺冠的重要因素。当时，万达为了让球员全身心地投入到足球运动中，为球员做了他们能做到的一切。比如，万达足球俱乐部球员住在体育场时，为了能让球员安心练球，万达对球员的宿舍进行了装修，不仅铺上了地板，还帮球员安装了空调。

在1994年甲A联赛的最后一轮比赛中，万达足球队在四川挑战东道主——四川全兴队。四川全兴队在遇到万达足球队之前还没有输过比赛，他们也想在自己的主场一直保持不败的纪录。同样，万达球队也不想输，故此万达球队的球员在球场上十分卖力。

在比赛进行半个小时后，万达球队已经以3∶0的优势领先四川全兴队了。万达球队的节节胜利，竟然让四川队的球迷临时倒戈，喊出了“万达队进一个”的口号。最后，万达足球队将第一个职业联赛的冠军收入囊中。

当时，这场比赛由香港电视台向全世界50多个国家和地区直播，万达足球队的表现给全世界的球迷都留下了深刻的印象。

万达足球队取得胜利后，国家体委主任伍绍祖对其取得的成绩表示祝贺。毋庸置疑，万达足球队取得的胜利与万达的投资密不可分。

当然，万达也因此获得了一些无形收益。比如，万达足球队的辉煌战绩成就了万达品牌的美誉度和知名度。虽然万达在6年后退出了，但这一举动并没有对万达的品牌造成什么负面影响。

王健林对足球的投资无疑是正确的，虽然在中国足球改革这块试验田里，王健林和万达集团都成了“试验品”，但万达却因为足球而声名大噪。

此外，王健林还依靠自己敏锐的商业头脑，带领着万达拓宽了企业发展的视野，并由此开始向更广阔的舞台迈进。

如企业般管理球队

王健林是标准的球迷，他形容自己看世界杯“一场不落”。他定好了闹钟，以免错过关键场次。

让王健林觉得遗憾的，是世界杯上看不到中国球队。他称这是自己投钱赞助大连足球的原因：“前些年公司没这个实力，现在有了点钱，理应挺身而出。”“每年400万元，仅仅是个底数——随着公司的发展，投入还会增加。”

不过，王健林的遗憾并没有因为他对足球的全情投入而得到弥补，直到2002年韩日世界杯，他的万达球员郝海东、孙继海、张恩华才第一次出现在世界杯赛场上。当时，王健林已经远离足球两年多，大连万达早已经更名为实德。然而，在足坛摸爬滚打数年的王健林显然看到了足球带给他和企业的便利。

根据《南方周末》的报道，王健林原本只拿出400万元作为第一年的足球投资，可到最后严重超支，追加了200万元，这的确让起步阶段的万达集团不堪重负，甚至“简直要了命”。大连市足协的一位负责人回忆说，看到这样的情形，王健林表示“明年搞不起了”，有退出足坛的打算。直到新加坡之行差点“遇冷”，才坚定了他的信心。

当时，王健林与集团高管同去新加坡访问一家财团，却吃了闭门羹。还是托了熟人，声明自己是“中国甲 A 联赛冠军球队的老板”，对方才松了口，以礼相待。

从新加坡回来后，王健林决定咬牙坚持继续搞足球。事实上，这不是王健林的企业第一次在谋求对外扩展时遭冷遇。

早在20世纪80年代末90年代初，王健林前往西欧，原本的计划是安排他会见某跨国公司的高管。对方在看过材料后很不客气：我们公司在全球赫赫有名，要与我们合作的公司不计其数，对于你们这样的小公司，我没有时间，也没有兴趣，如果你们执意要谈，先和我们的驻京办事处联系。

但在20世纪90年代中期，当时全世界最大的霓虹灯广告“万达集团”已经可以傲立大连市中心了，万达也不再是“小公司”。

王健林对足球有着自己的想法，他没打算“玩玩而已”，他希望谋取自己在球队经营和运作上的绝对话语权。他曾描述过自己对俱乐部的设想：“通过资金杠杆，确立企业意识，彻底转换机制，按足球规律和市场规律办事，逐步过渡到以股份制为主的足球与经营为一体的具有独立法人资格的实体，并最终形成造血功能。”

这是典型的具备“青训体系”的西方足球俱乐部的运作方式。国外比较完善的青训体系有德国、西班牙、法国，以及美国、日本等国。

作为董事长的王健林，几乎主客场一场不落地追着球队走。据任举一介绍，星期天比赛，王健林星期六必到，星期六比赛，星期五必到。他会带着一个办公室主任或者部下，不仅一定到现场，而且每场球都要自己做赛前动员。

他甚至会亲力亲为地关照球队各方面的大小事务，包括引入外援。瑞典人佩莱是大连万达引进的第一批外援之一，头发披肩，用任举一的话说，“像女同志”。根据当时的规定，球员不允许留长胡须、长头发。

1996赛季，原本安排佩莱在一场对阵天津的比赛中出场，但万达在赛前接到通知，国家体委指示：佩莱不能出场。足协领导认为，佩莱的头发太长，必须剪。

更衣室没有剪刀，佩莱的首秀很可能泡汤，他一直叹气，颇有情绪。佩莱坚持认为自己的头发被迫剪掉是一件很可笑的事情，遂不同意。他要求万达放弃对自己的引进，放自己回瑞典。万达俱乐部立刻打电话请示，并获得了上层领导的临时许可：可以把头发扎起来、梳小辫，临时应付这场比赛，但回到大连后必须剪掉。

中方的条条框框惹怒了佩莱，回到大连，王健林带着俱乐部的管理层亲自到佩莱的住地，向他和他的妻子道歉。王健林动了真格儿要把佩莱留下，他拿着自己收藏的字画找到佩莱。最终，在王健林的劝说下，佩莱答应留下了。

据任举一介绍，万达对佩莱做了动员，象征性地剪去1厘米，并把头发给国家体委，"你看，我们剪了，头发都在这儿"，这才安抚了各方的意见。

王健林明白，除了作为老板的必要关怀，钱才是撬动职业球员最重要的杠杆。他试图用市场经济体制下的奖金去鼓励球员，从某种程度上说，这意外地开了"金元足球"的先河。他说："我对足球队的第一次讲话就强调，每个人的贡献与利益紧密挂钩，收入进一步拉开档次，很可能相差几十倍。突出贡献者的报酬将不少于国外职业球员，并在公司给他们预留好位置，对表现差的，将不负责退役后的工作安排。"

在足球事业上，王健林一如打造企业般，希望"员工"的付出与回报相等，甚至回报要更高些。曾有媒体报道称，在比赛现场，总能看到王健林提着装有百万现金皮箱的身影。

除了现金奖励，王健林为了更好地激发球员潜能，特地打造了纯金的球，每个球重为300克，是足量黄金。然而球员们似乎不太“识货”，而且他们也只是把“黄金球”看成一种纪念，远不如豪车、房子来得实际。

王健林也不负所望，以房子和奔驰级别以上的豪车诠释自己的王氏管理方式。他所做的一切，都意在激励球员，故此球队成绩不好时，他最先感受到压力。1995赛季，万达一再输球，毫不设防的王健林曾对着媒体吐露自己的郁闷：“像我们这样的民营企业，每年拿出1000万来搞足球，不容易，我不拿，任何人说不出什么，这1000万拿出来，我们的员工就要少分。前不久，队里反映没有交通工具，我马上给买了一辆，花去了50万。最近又投入200万，与石灰石公司合建一座训练基地。基地有两块场地、一座小楼，房间里有空调、卫生间。去年我答应队里三套房子，现在我给了五套……作为一个足球老板，该做的我都做了，我总不能代替球员上场吧？”

王健林确实舍得给足球队花钱。有人把王健林和用金钱包装切尔西的俄罗斯巨富阿布拉辛诺维奇相比较。不过，除了同样砸钱买球员外，两者并没有太多相似之处，况且，远离市场化运作的王健林比阿布拉辛诺维奇出道还要早十几年，他的足球事业也得到了大连市的大力支持，市领导甚至帮助万达足球队引进球员。

在足球事业上，王健林并不把称霸甲A赛场当成终极目标，他有更大的野心。在已经视甲A冠军为囊中之物后，王健林表态：大连万达队下一步还要去夺“亚俱杯”（亚冠前身）冠军，要为中国足球早日冲出亚洲走向世界做出贡献。遗憾的是，他并没有如愿。

万达与亚洲冠军距离最近的一次是在1998年。在亚俱杯决赛中，万达与韩国浦项制铁队的对战十分激烈，历经120分钟都未能分出胜负，比分为0比0。最终，在点球大战中，万达负于对手，屈居亚军。

泪别绿茵场

万达足球队很受政府的重视，不过，在真正的管理上，万达却始终受制于政府。这种无法放开手脚的管理方式，让王健林颇有怨言，据悉，他曾多次与市领导在球队管理上起冲突。除此之外，万达屡次夺冠，使得球迷们的胃口也越来越高。而来自大连市政府的压力和足坛赌球黑哨的横行，逐渐让王健林萌生了退意。

1998年9月27日，在大连万达对战辽宁队的足协杯半决赛中，王健林因对主裁判3个点球的判罚不满，宣布“永久退出中国足坛”，这成了万达全面退出足坛的引线。2000年，在足坛扫黑反赌风暴来临前，万达的品牌完成了与足球最后的切割，大连万达足球俱乐部成为历史。

退出足坛后，王健林把全部的精力放在了万达集团的经营上，他的万达广场随即开始在全国各大城市逐渐铺开。然而，王健林依然心系足球。2005年，在复旦大学的一次演讲中他提到过回归足球的可能性：“回到中国足球，要了解我们为什么退出中国足球。有两个原因，一是对这个体制感到无奈，是官办足球，我只有拿钱的命，没有任何话语权，我觉得没意思；二是，我们集团进来以后没有制止住。我什么时候进来？把官办足球变成市场足球后，我一定会回去，只要我回去，一定是最棒的。”

回归足坛

2011年7月3日，曾经毅然宣布退出中国足坛的万达董事长王健林，宣布将重返足坛。与十几年前不同，他没有选择注资任何一家俱乐部，万达的计划是：未来3年至少出资5亿元，达成与足协的战略合作，其中的重点是冠名中超联赛，以及扶植青少年足球。

早在2011年1月，在时任国务委员刘延东的主持下，召开了一场旨在振兴中国足球的工作会议。这次会议带来的信号是，“中央十分关心足球运动的改革和发展”。王健林当即表示，但凡中国足球有需要，万达绝对会大力支持，几个亿都不会是问题。

口头的承诺在半年后兑现。7月3日，“中国足球协会与万达集团战略合作签约协议”在北京理工大学举行。根据协议，万达集团3年至少出资5个亿，全面支持中国足球的振兴。同时，万达赞助的“中国足球希望之星赴欧洲留学”正式启动，成为职业联赛历史上，甚至是中国体育史上，单笔赞助资金的最高纪录。

活动结束后，刘延东握着王健林的手说：“你做了件好事，特别是在中国足球低迷时，更有意义。”王健林没有打算靠赞助足球来直接给自己赚钱，他有更为长远的打算。

“赚钱是不可能的，但也不能算是政治任务吧。你不做，领导也不会强求你。”王健林认为，能达成合作，是上级要求和自己意愿两方面结合的默契。王健林认为，自己之所以能在心灰意冷后再次萌发投资中国足球的想法，是由于2009年足坛的打黑反赌运动给了他信心。

王健林说：“要想使足坛净化，起码高层要保持这种高压态势，之所以我愿意回来，也是了解到今后中超比赛、国内比赛，公安部始终会参与。用高层领导的话说，就是‘始终保持高压态势’。”

万达与中国足协的3年5个亿协议包括六个方面：第一，中超联赛将由万达冠名举办；第二，开展16岁以下青少年的选拔工作，并带领优秀足球苗子前往欧洲顶级足球俱乐部进行深造；第三，为全国青少年联赛出钱出力，壮大青少年联赛；第四，不惜大价钱聘请国外顶级教练担任主教练；

第五，深化改革裁判考核和奖励制度；第六，大力扶持中国女子足球队的发展。

有了钱的足协开始了一轮声势浩大的选帅，随后，西班牙名帅卡马乔入主国足。但很快，王健林就发现自己的钱没有花在刀刃上。

2011年，足协与卡马乔签订了一份3年半的合同，合同为卡马乔的教练组团队开出了税后430万欧元的年薪，这在世界足球教练薪资榜上可以排进前10位。不过，合同中并没有任何关于成绩上的硬性规定和考核标准，也就是说，中国足协无权单方面解除卡马乔的合同。

所有人都期待西班牙名帅可以带领中国足球闯进2014年的巴西世界杯，可令人失望的是，中国队连十强赛都没进去。

球队面貌无改观、亚洲杯预选赛小组未出线，卡马乔“下课”的声音始终没断。可是，双方的合同中并没有限制性条款，卡马乔依旧拿着高薪，留任球队主帅。直到2013年6月15日，国足1∶5惨败于泰国队，在忍无可忍的中国球迷的怒骂中，中国足协才下狠心让卡马乔“下课”。

足协下不了决心让卡马乔“下课”的最大原因是钱。由于中方单方面解约，卡马乔依照合同，提出了天价的赔偿金。掏了钱还折了本的万达拒绝再为卡马乔的违约金埋单，这让足协尴尬不已，也让签订“愚蠢”合同的足协成了众矢之的。

最终，卡马乔与中国足协解约，但解约金成了“秘密”。

2014年7月，中央专门成立巡视小组，足管中心的名字赫然列在第一批巡视的名单中。巡视开始前，召开了工作动员部署会，王岐山作为小组组长在会上明确表示：“哪里问题集中就巡视哪里。”

新一轮审计中，包括对卡马乔合同的审查，万达也许可以通过审计为自己投进去的钱“讨个说法”。不过，砸过大钱的王健林明白，钱可以迅速提高一支队伍的成绩，却不能拯救中国足球。“中国足球最大的问题是制度设计和制度改革。”他承认，自己“只是赞助者，出钱的人”。

曾经在更衣室自己训话的王健林不再计较对一支球队的控制，他开始在顶层设计中，谋求自己的话语权。

中国足球的未来

王健林承认，他当时一怒之下做出离开足坛的决定，是在气头上，虽然发誓不再沾染足球分毫，但这么多年来，他始终难以割舍下对足球的感情。对他来说，足球也是他的梦想。在他看来，中国足球之所以没能踢出亚洲，是由于国内的群众基础不够扎实，这从青少年从事足球运动的人数上就可以看出来——据不完全统计，目前中国从事足球运动的青少年只有1万人左右，仅仅与同在亚洲的日本和韩国相比，其差距就大得惊人——日本和韩国在这一数据上都达到了100万人。

仅从这一点上，王健林就明显感到了差异，因为一项体育项目是否能够在群众中得到普及，是决定这项运动能否很好发展的关键。比如，乒乓球之所以成了中国的国球，是因为几乎在中国的任何地方，都可以看到乒乓球的桌子，人们热情参与的结果，促成了中国近年来一直独霸乒乓球冠军宝座。

因此，王健林将目标对准了青少年，他的目标并不是寄希望于短期内改变中国足球的现状，而是期待在未来8～10年内，让中国足球真正强大起来。

不仅如此，王健林还出资赞助国家女子足球队，因为他认为，一项体育项目的提高需要全方位去展开，这样才能真正提高其竞技水平，尽管女子足球没有男子足球那么火爆，但在体育竞技方面，女队往往比男队更容易出线。此时王健林入资中国女队，更是提升了中国女队的士气，他不仅出资为女队聘请教练，还将冠名中国女足超级联赛。

王健林对中国足球的心思，与那些经营过足球俱乐部的企业家一样，在他们看来，中国足球要想健康发展，就必须先让中国足球从官方的影子里走出来，这样中国足球才能真正实现完全和市场接轨，成为一种产业。

这也就是说，只要不脱去官方的外衣，中国足球很难得到更大的发展，不仅如此，还有可能会慢慢走进一条死胡同。但是，改革总要有一个过程，从中国足球协会的成立时间来看，也不过短短几十年。那时，新中国刚刚成立，百废待兴，中国经济还没有得到发展，足球就更难得到大发展了。在当时，中国的很多产业都归国有，这是时代留给人们的。只不过，随着中国经济的高速发展，以及全球经济一体化的不断推进，国家的体制改革也随之而来，可很多机构由于其中牵涉过多而不得不暂时被搁浅在工作日程上，中国足协正是这样一种情况。

由于足球带给人们的视觉冲击有着很强的受众性，使得社会上的很多企业都看中了这块大蛋糕，从最初用各种奖励来激励运动员在各种重要赛事上夺冠，到后来各大企业家纷纷用足球作为企业的体育名片去打开市场。

如果从中国足球的整体发展来看，王健林认为，民营资本的介入就像一碗滚烫的“油泼面”，在激发出足球运动员在赛场上踢球热情的同时，更引发了观众和中国足球激动的情怀。毕竟，足球是最早得到世人竞相追捧的一项运动，并且中国足球的现状也由于民营资本的介入而焕发出了生机与活力。

然而，王健林离开足坛之后，中国足坛并未有所改观，反而很多腐败现象更为明显地凸显出来。当时，包括接手大连万达足球俱乐部的实德老板在内的许多足球俱乐部老板，曾一起向上反映和呼吁足球体制改革，却未能实现。

经由介入中国足球的民营企业家们的全面呼吁，以及中国足坛频出“足协领导问题”，使得中国足球开始遭遇“滑铁卢”，这让本就备受打击的中国足球雪上加霜。

王健林认为，目前中国足球所处的这种情境，表面上来看对足球的发展十分不利，可若从长远发展来看，中国足球反而可能得到进步——中国足球出现了整体的滑坡，它不仅影响了中国足球事业的发展，更影响了中国足球向产业化进军的进程，这反而可能促使中国足球早日脱离官方背景，真正实现完全产业化。

想要真正从根本上改变中国足球的现状，就必须从体制上让中国足球“出嫁”给市场，唯有此，中国足球才能在市场的运行机制下实现健康发展。也就是说，中国足球要想健康发展，并走出低谷，就必须进行一场彻底的改革，改变旧有的各种不适应其发展的制度、体制，以适应市场的需求。

2015年，万达以4500万欧元收购了西甲冠军马德里竞技足球俱乐部20%股份。2016年3月18日，国际足联（FIFA）与万达集团签订战略合作协议，万达成为中国首个国际足联顶级赞助商，协议有效期长达15年。

成为国际足联合作伙伴，万达表示，将在足球世界杯等重大足球国际赛事的申办中发挥更大作用，实现中国足球和世界足球零距离接触，提高中国足球在国际足球体系中的话语权。中国足球运动水平虽然相对落后，但最终将借助国际足联的专业力量，帮助中国足球提高职业化水平和产业化运作，加速中国足球振兴。王健林在足球中所走的每一步，都落实着自己在振兴中国足球中所许下的承诺。

第四章

筑基全世界

走向世界之路

无论是商业地产，还是电影院线，抑或进军足坛，经过日积月累，万达的格局达到了新的高度，视野也更加开阔。有了不断升级的产品和不断延伸的产业链，万达也愈发有底气、有实力，王健林不再拘泥于国内，他将目光转向海外，谋求更大的发展。

王健林一直希望万达成为世界级的企业，成为世界500强，他要把万达打造成在世界上叫得响的一个品牌，为中国企业争光。朴素的爱国情怀和商业野心，在王健林身上奇妙地交织在一起。

王健林曾经在回答媒体提问时这样说："我是带有责任感的。你看东方影都建设，我说这个项目是承载着建立中国文化世界品牌的重任和万达梦的一个项目。所以，我做文化产业也是有这个目标，就是做成中国文化世界品牌，而且在相当一些方面建立世界性的中国文化符号，所以不是简简单单为了万达的名声或者是为了自己转型，我还确实有一点社会责任感。"

早在2011年12月18日，万达集团就与西班牙马德里竞技、瓦伦西亚、比利亚雷亚尔3家俱乐部签订了名为"中国足球希望之星"的青少年海外培训计划，万达为此投入2亿元，并将重任交给刚刚卸任万达企业文化部总经理之职不久的石雪清。王健林的大手笔引来外界的纷纷猜测，人们不约而同地认为，西班牙将会成为万达在海外亮相的首选。

2012年，王健林在全国两会期间的新闻发布会上对万达文化产业的发展动态做了相关发言，透露了万达即将开展的海外扩张计划。而当年4月在清华大学做演讲时，他的态度则更加明确："未来一年内，万达主要集中于跨国运作，将会有震惊世界的并购发生。"

2012年，万达集团与中国进出口银行在北京签订战略合作协议，后者将为万达集团的文化、旅游产业及跨国并购业务提供支持。

2012年5月21日，是一个令万达集团的员工激动的日子，这一天上午，王健林斥资31亿美元与美国AMC影院公司签署了收购协议，也正是从这一天起，王健林成为AMC这家全球排名第二的院线集团的新股东，引起了社会的广泛关注。而国内企业收购、并购全球企业这一敏感的话题，也再次引发了一场争议。

争议的焦点，即王健林此举恐怕又是一起“美国人欠账、中国人埋单的行为”，因为早在几年前，联想集团的掌门人柳传志就曾做出过类似的举动，收购了美国IBM公司的PC部。面对数年后的王健林，很多人想到的是这种海外收购、并购到底有多大的实际意义，中国的企业家到底要交多少学费，才能真正搞明白大鱼吃小鱼的道理?

对此，王健林的态度是：对中国企业来说，要想实现真正的跨国并购，交一定的学费是理所应当的，但是否真的会交学费还得两说，因为不管是中国企业还是其他国家的企业，实现企业全球化是每一个企业家的梦想——只有企业规模化了，才会有更大的实力，才会在一个行业里成为真正的老大，才会拥有“话语权”。

所以，王健林认为，万达收购AMC，并不是交不交学费的问题，而是中国企业能否实现真正“走出去”的问题，同时也是考量中国企业家战略眼光的问题。换句话说，不管是国内企业之间的并购，还是国际企业之间的收购，作为企业家，其目的都是显而易见的，都是基于“利益”的。

AMC在全球共有346家影剧院，是全球最大的3D屏幕运营公司；AMC作为一家电影院连锁机构，仅从其在北美地区的数百家影院所处的位置就可以看出——其影院都选择在城市的中心地带，有其他任何影院都无法替代的作用和影响。通过这次海外收购，万达一举成为全球最大的电影院线运营商，至此，万达拥有428家影院、5758块屏幕的控制权。不过，王健林仍不满足，他坦言，万达会不断调整企业战略，以适应市场发展，由此将跨国发展进行到底。

当时，外界都将万达收购 AMC 这一举动称为“蚂蚁吞大象”，而在王健林看来，AMC 并非一头大象，万达也不是一只蚂蚁，而是一群蚂蚁。AMC 与万达，一个是即将瘦死的骆驼，一个是攻击性极强的蚁群，在经过了长达两年的谈判之后，终于达成了并购计划，上演了一出令世人瞩目的“蚁吞象”戏码。

从经济发展的客观角度来看，不少经济学家都和王健林一样认为，“蚂蚁吞大象”这种现象在商界并不罕见，只不过万达收购 AMC 发生在两个不同的国家：一个是全球最富有的美国，一个是处于高速发展中的中国，是中国的“蚂蚁”吞食了美国的“大象”，这才引发了世人的高度关注。

对此，王健林也表示，如果是美国企业并购了中国企业，人们就不会如此惊讶了。而在他看来，不论是哪个国家的企业被别国企业收购，都是一种正常的商业行为，不管是收购方或是被收购方的企业，都是基于一种通过整体收购或者部分并购的形式，使企业在未来能够更好地发展。

2016年初，万达集团宣布以不超过35亿美元现金（约230亿元人民币）收购了美国传奇影业公司的多数股权。这是迄今为止中国的企业在文化领域最大的一宗跨境并购案。王健林在签约仪式上表示，要通过此举增加万达集团在全球电影产业的话语权。“万达在中国电影领域已经具有了很大的话语权，但是这还远远不够。电影市场是全球的，我们一定要在全球电影市场中争夺话语权。现在全球市场的电影话语权基本上是由美国几大公司控制，这个格局靠谁来改变，就是靠我们一点一点来改变。”

打造文化航母

随着万达收购美国AMC影院公司的尘埃落定，万达进军文化产业的身影渐渐清晰地展露在世人面前，很多人也不再只把王健林与商业地产相连，而是以一种全新的眼光来看待和认识他，这也使得他的“文化野心”更大。

在商业地产界，王健林的野心众所周知，而在文化产业方面，他只用了8年的时间，就打造出了一支令世人瞩目的队伍——万达文化产业集团。这原本是万达旗下的轻骑兵，但经过8年打拼，却成了中国文化产业不容忽视的中坚力量。

万达文化产业历经短短8年时间便得到了世人的关注，不能不说是一个奇迹。尽管在其背后有实力更加雄厚的万达集团和王健林，但作为企业，并不仅仅是“背靠大树好乘凉”这么简单，尤其是万达文化产业集团的异军突起，背后更是饱含了王健林的心血和其独特的经营理念。

王健林曾表示，他毕竟不是艺术家，而是企业家，企业家所要考虑的就是如何扩大企业的规模，树立企业的国际化品牌，至于万达文化产业集团，其发展目标从大方向上来说，也完全能弘扬民族文化。

在万达所经营的商业地产中，有一个项目——万达酒店，万达集团已经与世界五大国际酒店管理集团共同合作开设了32家万达酒店。在经营万达酒店的过程中，王健林一直坚持着这样一条策略：走出去，引进来，打开来。

“走出去”才能发现自身的不足，也才能将国外那些企业的先进管理理念“引进来”，最后才能实现企业将自身完全向全球市场“打开来”。

经过数年的酒店经营，在“走出去”这一问题上，万达酒店早已为万达文化产业集团铺好了路，同时，万达并购美国 AMC 影院公司，又为万达酒店实现海外扩张与并购之路奠定了良好的基础。

在万达如何“走出去”这一问题上，王健林颇有经验。在外界眼中，万达“雄心万丈”，这是事实，但也只是一个侧面。作为万达这艘“中国文化航母”的船长，王健林很有把握将它行驶出亚洲的港湾，并顺利抵达大洋彼岸，让它成为真正的“驱逐舰”。

在万达数十年的发展过程中，无论在规模上还是在产值上的快速发展，都令很多企业家感到震惊，王健林在此期间最大的心得，就是在产业运营模式上的不断创新与突破。万达在王健林的带领下，已经拥有了国际企业运营的模式，而在不远的未来，万达也必将直挂云帆济沧海！

好莱坞之梦

万达进军文化产业的时间前后加起来只有8年，在这8年间，王健林打造出了一艘令世人震惊的“文化航母”，成了国内电影院线里的行业老大，同时也成为在亚洲无人能出其右的霸主，而在收购了美国 AMC 影院公司之后，其规模和实力更上一层楼，成为这一行业中当之无愧的顶尖企业。

AMC 在被万达收购的前三年内都处于亏损状态，2012年被万达收购之后，次年实现了盈利，很多西方人都为之震惊。因为在很多外国企业家眼里，万达是一家“名不见经传”的中国企业，何以有回天之术？

这样的质疑，在2013年9月，万达在山东青岛举办的东方影都的启动仪式上，被媒体变成当作了问题。对此问题，王健林避而不谈，话题从不落在 AMC 的转变上，反而侃侃而谈即将动工的青岛东方影都影视产业园区。他表示，东方影都无论从资金的投入上，还是规模上，纵观国内外都是前无古人的。

项目整体占地376万平方米，总建筑面积可达540万平方米。其中，并不仅仅有影视产业园（它虽然在这个项目中是“主角”，但只是整体项目的一部分)，还有电影博物馆、影视会展中心、影视名人蜡像馆等与影视相关的项目，此外，诸如万达文化旅游城、度假酒店群、游艇俱乐部、汽车极限秀、滨海酒吧街、国际医院等相关项目也一应俱全。由此来看，万达此次在山东青岛的投资并不是单纯意义上的影视基地建设。

王健林表示，此次在山东青岛这一项目中，他们将合力打造一个世界上最大的影视基地和度假城，随着万达集团山东青岛东方影都项目的启动，王健林多年的梦想也彻底展露在众人面前。

万达在山东青岛整个项目的投资超过了500亿元，如此大手笔，自然引发了外界的高度关注，不仅国内几乎所有的媒体都争相报道了此事，就连国外的许多媒体也在凑热闹，其中，全球知名的财经报纸《华尔街日报》更是专门对王健林进行了采访。

王健林表示，此次在东方影都项目的启动中，万达之所以会投入如此大额资金，就是要打造出一个属于中国人自己的“好莱坞”。

关于他的这一大梦，不少人颇有微词。万达虽然资金雄厚，王健林做事又大胆，堪称全球第一的东方影都若真的与久负盛名的好莱坞比拼，到底是否有胜算却不得而知。

王健林很清楚，东西方文化存在一定的差异，即便这种差异随着经济文化全球一体化进程有了一定的缩小，但依然存在，正是这种文化差异，造就了东方人的观念或影视作品与西方不同。比如，西方人对中国文学作品的接受程度。中国虽有厚重的文化积累，也产生了众多优秀的文学作品，但是诺贝尔文学奖却一直到2012年才降临到中国作家的头上。

西方人现今才刚刚开始对中国文化有一定的认识，或者说印象，而很多在中国国内无论艺术手法还是内容都平平的影视作品，却得到了西方人的“认可”。在王健林看来，这里面固然有向西方推介中国文化的原因，但关键点还在于中国乃至整个东方国家是如何向西方国家展示本土文化的。

这样的想法，也可以划归到王健林义无反顾地收购 AMC 的原因中。借助 AMC 这个最适合的平台，王健林可以充分向西方人展示中国等东方国家优秀的文化作品，让西方国家及时且相对全面地了解东方文化内在的底蕴。

王健林认为，只有做到这一点，才能真正实现东方人与西方人之间的文化互通。

王健林利用 AMC 平台在国外电影市场及时推出的国产影片《泰囧》等的成功，是他这种文化理念成功落地的验证。由此，“东方影都”的未来轮廓在王健林的脑海里更清晰了。

而通过一次次试验，王健林发现，尽管东西方人由于生活环境、生活习惯等方面存在一定的差异，甚至语言、表达方式也不同，但他认为艺术是无国界的、是相通的，因此他认为西方人和东方人在表达方式上没有多深的鸿沟。比如，喜欢直接表白的西方人并不是读不懂中国人的含蓄，这一点从很多西方人创作的诗歌作品中就可以看出。

年轻时的王健林，曾读过几首英国桂冠诗人华兹华斯的诗歌，其在意象的表达等方面和中国的许多诗歌并没有什么差异。因此，王健林觉得，要想让西方人承认东方文化，不是去改变东方文化的深厚底蕴，按照西方人的习惯改变自身的状况，而是要做到让西方人真正从思想意识里接受东方文化，这样才能让西方人真正了解东方文化的精髓。

在青岛项目中，人们所看到的是万达旗下炙手可热的文化产业集团的一次“壮举”，也可以说是万达在实现企业转型过程中的又一次创新之举，而隐藏在青岛东方影都背后的，就是整个万达思维之下庞大的“万达商业帝国”。

2012年，万达集团正式成立影视制作公司，开始在电影制作业务上大显身手，其后出品的电影《Hold住爱》，借助档期的准确性和院线的大力支持，在七夕大有斩获。万达影视传媒有限公司计划“从2013年起，每年投资不少于8部影片”，其中包括《警察故事2013》《太极侠》《宫锁沉香》等，万达参与投资并于2014年3月上映的《归来》，无论在艺术性还是观众口碑方面都获得了不错的成绩。

万达影业发布了“2014年新片计划”，从五一档新片《催眠大师》到冒险巨制《鬼吹灯·寻龙诀》等佳作，囊括了悬疑、爱情等多个领域。

不过，国内电影制作还面临诸多问题，包括业界人才、电影科技、电影审批制度等，都使得电影产业体量很小，养活院线基本靠进口电影支撑。至于未来王健林的“好莱坞之梦”是否能够实现，万达是否能如愿以偿地实现企业的转型或产业的升级，从而实现“百年企业”的梦想，就让我们拭目以待吧。

打造文化旅游城

在国际扩张的路上，万达的战绩还包括2013年并购英国圣汐

(Sunseeker）游艇公司及组建英国房地产开发公司，并在2014年初计划斥资20亿～30亿英镑在英国开展城市改造项目，以及用2.65亿欧元的巨资收购西班牙马德里的地标建筑——西班牙大厦等。

英国圣汐游艇公司历史悠久，可以追溯到1968年，经过几十年的经营，早已成为世界顶级奢华游艇品牌，也是英国皇室尤为青睐的游艇品牌，为英国皇室提供专门服务。这家公司拥有2500多名员工，年营业额可达5亿美元，实力不俗。这给了王健林极大的信心，他坚信游艇作为高端奢侈品的领军产品，会引领富豪们的消费趋势。

原本，按照既定的战略布局，万达今后将在大连、青岛及三亚各创立一家游艇俱乐部，并配备至少10艘游艇，有300个泊位，以此吸引其他游艇来此停泊。但是，经过细致的考察分析后得出结论，与其购买30艘游艇，不如直接收购一家游艇公司，所以最终万达将圣汐收入囊中。

在国际扩张过程中，王健林不但在管理方式上甚少干涉，而且还充分利用原有管理层，激发他们的积极性。成功收购圣汐后，万达甚至没向圣汐公司派驻一个员工，他说："我们现在进去（收购），无非就是有一个新的主人，给予适当的政策，我们相信他们会干得更好。"

王健林表示，万达在海外并购的道路上，始终坚持三条准则：其一，着眼于经济繁荣昌盛、市场成熟的国家进行投资、并购；其二，"并购为主，投资为辅"；其三，选择并购的公司必须与万达已有业务息息相关，并且以文化、旅游及零售产业为中心。

为了万达的多元化发展，为了旅游板块得以扩展，万达斥巨资收购了游艇业务。当万达着手建造大型旅游度假区时，王健林有一个重大发现，他认为此类项目成败的关键，是万达能否在全球范围内实现资源的合理调动。

打造文化旅游城，是王健林合理调动自身资源的一种尝试。在王健林的构想中，长三角地区是重中之重，需要格外重视。此前，他曾亲自带队前往宁波、南京、无锡等地进行实地考察，经过细致严密的分析，最终选定无锡。无锡位于杭州、南京及上海等边三角形的中心位置，地理优势明显。

经过一番精心筹划，万达文化旅游城在无锡滨湖区落户，占地面积为202万平方米，建筑面积为340万平方米。万达在文化旅游项目中投资210亿元，分为文化、旅游、商业及酒店四大部分，包括万达城、大型舞台秀及大型户外主题乐园、度假酒店等建筑群。

王健林说："这个项目，投入精力最大，思考时间最长，创新也最多。"比如，水上乐园是司空见惯的，然而万达城却致力于打造"第四代"水上乐园项目，其中众多设备是量身定制而成，具有独特性。他还说，"这个项目，我们花了很长时间调研，跨国团队进行设计，寻找无锡当地的文化故事和互动产品。"

王健林曾在接受媒体采访时称，自己曾多次前往无锡考察，设计团队也来来回回数次，为了让舞台秀更好地展现无锡本地的文化特色，设计团队绞尽脑汁，前后耗时半年多。最后，设计团队为无锡室外主题公园设计了6个园区，每个园区都力求展现本地特色，如赫赫有名的紫砂文化，就是其中较为重要的部分。

在中国到底做什么样的文化产业，王健林认为这是一个需要认真研究和特别挖掘的课题。这也意味着，中国传统的文化源流和无锡的地方文化特色，都是王健林希望通过无锡万达城来向社会表达的要素，这其中筛选出了神话故事、当地文化和传统工艺等关键词。

而王健林打造无锡万达文化旅游城，更进一步的期望则是冲出中国，进入世界舞台，打造中国的文化品牌。

王健林说："随着中国房地产规模化开发的结束，旅游加地产模式肯定长不了，我估计就是十年八年还能玩这一套，但十年八年文化旅游布局也形成了。"在他看来，无锡万达城建立在本土之上，有着固有的优势。

"中国文化上下五千年，文化内在的活力不言而喻，万达希望通过中国消费者对品牌口味的大起底，从而让一些具有中国特色的文化和价值观重新激活，并在适当的时候走向海外。"在这方面，王健林似乎并不惮于做勇敢的推手。

第五章

思百年，行百年

企业文化

万达集团成立时，是一家名不见经传的小公司，经过近30年的发展，已经成长为一家集文化产业、商业地产、连锁百货、旅游投资、高级酒店等五大产业于一体的大型企业，发展速度之快令人诧异不已。

毫不夸张地说，万达集团之所以能够以如此快的速度发展，离不开王健林在企业管理上的妙招。

在管理企业的过程中，王健林十分重视企业的人文精神。在创建企业之初，他便坚持“以人为本”的文化理念，关爱员工，由此才让万达集团招到了来自世界各地的优秀人才。具体来说，王健林对员工的关爱主要体现在以下几个方面：

第一,万达集团为员工提供一流的待遇，在同行业薪酬标准中，万达集团提供给员工的薪酬水平是国内最高的。

比如，对于基层员工，万达集团实施的是工龄工资制度——万达员工除了正常收入外，每年还会增加1200元的工龄工资，而当万达员工工作达到5年之后，仅工龄工资就能达到6000元，这是同行业的其他企业员工不敢想象的。

正是因为万达集团为员工提供了如此优厚的待遇，员工才会对公司心怀感激之心，并尽自己最大的努力为企业的建设添砖加瓦。可以说，这是万达集团发展如此迅猛的一个重要因素。

第二,万达集团为员工建立了健全的培训机制。

万达集团每年仅花费在员工培训方面的资金就高达上亿元，不仅如此，集团还在河北廊坊投资7亿元人民币，为员工建立了一所占地200亩（1亩=666.67平方米）的万达学院。

学院总建筑面积超过12万平方米，可容纳3000多人，校内配有行政楼、教学楼、室外运动场、室内体育馆、宿舍、企业展览馆、餐厅等，并且全部采用国内一流的教学服务设施，其凭借出众的硬件条件，成为中国国内数一数二的企业学院。

自这所学院建成后，万达集团每年都会安排公司中高层管理人员到这里培训，此学院为集团培训了很多优秀的管理人才，这为集团的快速发展打下了坚实的基础。

第三,万达集团十分注重对员工进行人文关怀。

王健林要求，务必为员工建立员工食堂，而且不论总部还是分公司，一视同仁，免费为员工提供工作餐。此外，在万达集团内部，实行幸福度假制度，一旦被评为优秀员工，即可享受这项制度，不但可以在全国万达酒店中任选目的地，给其报销往返机票及住宿费，还可以为其家人报销两人的往返机票以及住宿费。这些优厚的待遇极大地增加了员工的幸福度，让员工为成为“优秀员工”而更加努力地工作，在无形中也逐步提升了企业的效益。

万达集团人性化的管理，在让员工感到被关爱和重视的同时，也在无形中降低了员工离职率。在同行业的企业中，万达的员工离职率是最低的。

王健林表示，企业文化也要讲人文精神，讲人文关怀。纵观世界上一流的企业，其企业文化无一不透露着人文精神以及人文关怀。因而，要想成为一家卓越的企业，必须“以人为本”，并展现企业的人文关怀和人文精神。那么，什么是人文关怀？什么又是人文精神呢？

王健林是从以下几个方面来理解企业的人文精神以及人文关怀的：

第一，可以让员工主动为公司做贡献。

从根本上讲，公司是一个社会性的组织，它不像“黑板经济学”中所说的那样仅仅是人们追逐利益的工具。事实上，公司满足了人们适应社会的需求，比如满足了人们与他人共处、共同获得信任与利益等多方面的需求。

诚然，企业作为一个社会性的组织，在很大程度上承担了创造物质财富的责任，但这并不是企业的全部内容。因为企业还将人们聚集在一起，让人们形成了更大的社会生产力，与此同时，还要担负起与环境共存共生的义务与责任，在信息、思想及信仰上，不断相互影响。一旦公司缺乏有助于员工施展能力、相互沟通与理解的人文环境，员工必然不会主动为企业的发展做出贡献。

第二，可以使员工成为联系客户与社会的桥梁。

创造客户价值是企业生存与发展的根本，那么，由谁来创造并发现这种客户需求呢？无疑是基层员工。

企业发展壮大的基础，就在于基层员工的工作效率。基层员工是公司联系客户以及社会的桥梁。倘若公司没有以人为本的文化理念，没有贴心的人文关怀，就会隔断员工与顾客以及社会的联系，这是不利于企业的长远发展的。

所以，企业要制定以人为本的文化理念，并对员工（尤其是基层员工）进行人文关怀，如此，员工才能成为联系客户与社会的桥梁，为企业的发展全力以赴。

第三，可以开发员工的创造力。

在实行现代化管理的今天，员工的创造力往往是一个企业能否得到快速发展的重要前提。当企业不仅仅站在利益的立场，而是以人性化的视角来对待员工时，员工的创造力才能得到最大限度的开发，这样才能使公司的价值得到最大限度的提升。

倘若员工处在一个冷冰冰的环境中，整日在公司中钩心斗角，还有什么精力去挖掘自己的创造力？因此，公司要为员工提供一个人性化的人文环境，这样不仅会让员工感到身心轻松，还能在无形中提高企业的核心价值，何乐而不为呢？

以人为本、打造人文环境、活性制度、极具激励性的优厚待遇，这一切使得万达集团在更大范围内吸纳着优秀人才，为企业的发展提供了源源不断的动力。

创新之路

综观万达集团的发展史，其中无不闪烁着“创新”的光彩。可以说，创新在万达取得的成就中起着无法替代的作用，而王健林也十分重视企业的创新能力，他认为，创新是企业获得长足发展的核心竞争力。

他曾对媒体表示：“在我看来，企业的盈利能力以及创新能力是企业的核心竞争力。”从他的这句话中就可以看出其对企业创新能力的重视程度。

无论是在经营模式、产品营销上，还是在思想观念、管理方式上，万达集团自成立以来，始终重视创新能力，这使它创造了房地产行业无数个第一，一次又一次地开了房地产行业的先河。

1989年，万达集团在当时十分紊乱的房地产市场中异军突起，突破建房面积标准的限制，这在房地产市场中还是第一次，自然引起了人们的惊叹。不仅如此，万达集团还在室内设计中创新性地引入了明卫、明厅等新颖概念，这让外界对万达产生了更深刻的印象。

3年后，万达集团再次推陈出新，率先推出欧式大厦和欧式住宅，这一创新性的举动更在房地产市场中掀起了一股“欧陆风”。

回顾万达集团一系列的创新举措，最具代表性的当数“订单地产”模式。这一模式从2001年开始探索到今天，已经创造了数次奇迹，其所取得的成就令业界为之惊叹——万达集团的“订单地产”模式不仅让其领先于房地产市场中的其他同行，还为其创造了可观的利润。

万达集团在全国独创的“订单地产”模式，令万达广场在每一个城市开业后，一概呈现出火爆的场面，获得人们的一致好评，此成为万达集团的一大竞争优势。

看到万达集团成功的商业模式后，众多专家都给予了认可，而且一致认为，万达集团的这种商业模式是不可复制的。

万达的这一模式，每到一个地方就能成为该地的繁华地区，并拉动该城市的经济发展和税收，相信也只有万达能做到；吸引国内外知名产业追随万达，并进驻万达广场，相信也只有万达能做到；到一个新地方后，先租后建，并保证满场开业，而且场面十分火爆，能做到这种程度的，相信也只有万达。

万达集团，不仅因为这一创新性的商业模式获得了中国政府的高度认可，还在国际上获得了高度评价。毫无疑问，这一商业模式是成功的。那么，这一创新模式，缘何会出现在万达集团呢?

第一，是“百年企业”这一企业理念的需求。

众所周知，万达集团如今的企业理念是“国际万达，百年企业”。万达要想成为一家百年企业，就必须有稳定的物质基础以及企业文化。企业文化，万达集团已经有了；稳定的物质基础，简单来说就是长期稳定的现金流，而万达集团之所以建立购物中心，其主要目的就是追求长期稳定的现金流。

经过讨论分析，万达集团的管理高层决定，以收租物业的方式来解决稳定现金流的问题。具体而言，一是做风险小且规模大的项目，二是“向世界500强收租”。根据这一理念，万达集团开始与沃尔玛合作，两家公司合作的第一个项目取得了成功，这也就促成了万达持续走这一模式。

第二，中国加入世界贸易组织后，激烈的竞争环境对企业提出了更高的要求。

中国传统零售行业主要存在以下两个不足：

首先，业态单一。加入世界贸易组织后，中国对全球开放零售行业，国际上流行的“一站式”业态开始进入中国，这对中国传统的零售行业造成了很大的冲击。基于这种情况，万达集团决定建立一站式购物中心，这便满足了人们的需求，也满足了市场对零售业的需求。

其次，单打独斗。中国传统零售行业基本上都是单打独斗，这不适用于中国零售行业之后的发展道路。沃尔玛、家乐福这些大牌企业之所以销售火爆，得到消费者的认可，主要是因为它们集中采购，天天进行平价销售。

其实，全球零售行业最大的流行趋势就是连锁经营，企业只有做到连锁经营，才能够集中进行采购，这样才能降低商品的价格，使企业具有竞争优势。

基于这种情况，万达集团才像这些连锁机构一样，每到一个新的地区，便建立一个万达广场，满足了人们衣食住行的需求，也因为万达的这一措施，它才在众多房地产同行中脱颖而出，成为备受人们信赖的企业。考虑到这些因素，万达集团才决定搞“订单地产”这一商业模式。

第三，“订单地产”模式可使用跨国企业的经营规律。

纵观世界上的大型跨国企业，它们的经营模式基本都是租店经营。例如美国著名的百胜集团，再如众所周知的餐饮企业肯德基和必胜客，它们在中国开设的店铺有1000家之多，但只买下了一家店，其他全部靠租。

知名企业沃尔玛在世界上拥有近5000家店铺，但大多数都是靠租店的模式经营，只有不到20% 的店铺有自己的产权。可以说，所有跨国的大型企业，除了制造行业，绝大多数企业都靠租店经营。看到这一特点后，万达集团着手做“订单地产”，让这些跨国企业租自己的店。

第四，市场空间比较大，可以做大企业。

美国的人口数量仅两亿多，却建设有1万多个购物中心。中国的人口有13亿之多，虽然人均收入与美国相比有一定的差距，但预计到2020年，中国的收入可以达到新加坡如今的水平，有两万个购物广场的建设空间。从这个角度来看，中国建设购物广场的空间非常大，而万达集团进入这个市场必然可以做大，这也符合做“百年企业”的企业理念。

此外，订单地产这个商业模式具有利国利民的特点——万达集团建设的万达广场不仅可以为当地提供更多的就业机会，还为当地的税收做出了巨大贡献。

不仅如此，万达每到一个新城市，其所建的大楼总能成为当地的标志性建筑，这既提升了城市的形象，也提升了城市的商业水准，对政府进行招商引资有很大的帮助，故此，政府对于万达集团建设购物中心都给予了很大的支持。

显而易见，万达集团“订单地产”这一创新性的商业模式不仅顺应了市场的需求，满足了人们对零售产业的需求，还为政府发展经济做出了巨大贡献，更重要的是，这一商业模式为万达集团创造了巨额的利润。

万达集团还有很多创新性的举措——万达是最早实施成片旧城改造的企业，也是最早实施跨区域发展策略的企业，等等。这一系列创新之举，使得万达集团逐渐成为国内的龙头企业，同时成就了万达的商业传奇。

政商互动，贯彻党建

人们喜欢将那些站在镁光灯下的企业家的言行进行对比，对象大部分都是王健林的朋友和同行。中国最富有的企业家群体，虽然有不同的成长背景和理念，但他们都在以某种方式与政治“互动”。

在公共议题上有“任大炮”之称的任志强，也经常在参政议政时“语出惊人”。如在2014年两会期间，他曾对房价提出看法和意见：“中国不应该征收房产税，因为中国的土地不是归属个人。中国的房产税不包含土地，而农村土地、集体土地都应该收税，所有的土地收益都应该收税。”

另一个经常在微博上与任志强互动的地产大亨潘石屹，更是公共领域的明星企业家，他的参政议案曾被批“代表了自己的利益”。2009年的北京两会上，潘石屹曾有三个建言：“第一，建议降低商业物业出租税；第二，建议北京市取消‘两限房’；第三，让土地交易市场更加透明化。”事后有人认为，潘石屹议案中“降低商业物业出租税、让土地交易市场透明化”等内容都涉及他个人公司的利益。他的言论，首先是为了确保个人利益，其次才是行业利益。也许是在舆论上吃了亏，潘石屹最近几年的议案都比较贴近民生。2013年，他转而关注环保问题，自己出资购买仪器，监测空气中PM2.5的数值，并呼吁大众关注环保；同时建言出两套房产税，让百姓可自选按面积或按套数收取。

参政议政的房地产商们，也在尽量减少有关自己本身的话题。政治身份与商人本色，这样的双重身份犹如一把双刃剑，除了能带来更大的助力之外，也可能埋下更多的隐患。中国的企业家委员们与国外专职议员相比，更能引发大众对其社会责任和个人利益的质疑。

对于王健林这样的地产富豪，如何能在政商两界之间的夹缝之中寻得自己的容身之处，直到今天，他们依然处于不断摸索的过程中。除此之外，随着经济社会的转型，未来或许风险重重。

关于企业与政府之间的关系，王健林曾在接受一家媒体采访的时候说过："你不要想着跟某人成为利益团体、成为哥们儿，万达之所以能应对政治风浪，就是一条——做好自我保护。"

万达的成功并不依附于政府，而是依靠王健林对政治的正确理解，在企业的日常管理中，他十分重视集团内部的党政建设。

万达作为民营企业之中党政建设的正面典范，经常接受各级政府机关党政工作人员的观摩和学习。过去两年，来这里参观过的政府官员中，有中央组织部的高级官员，有全国党建委员会的领导，也有辽宁省委副书记。

万达集团每得到一个新的城市发展项目，都会在项目公司建立党组织，与项目部等核心部门平起平坐。在万达，入党是一件非常重要的大事，党员从福利待遇到职业发展方面比非党员有更大的优势，这种作风在全国的民营企业单位中实属罕见。

万达对党建工作的重视，也体现在每年的常规活动中。2010年，在万达长白山项目所在地，时值建党89周年，万达新发展的58名党员聚在杨靖宇烈士陵园宣誓；2011年"七一"建党节，90名新党员又包机飞到江西吉安，在井冈山举行入党仪式。

"了解政策，跟随党的步伐，搞好政商关系，是万达发展的基础。"王健林的这句话十分恰当地体现了万达与政府之间亲善和睦的关系。此外，王健林每天都要阅读党政报刊，研究新的政策方针。

因为用心而巧妙的经营，王健林也得到了政府的认同和嘉奖。2012年3月21日，在全国非公有制企业建设工作会议上，他受到国家领导人的接见；次日，作为少数几位嘉宾之一，被邀请参加党建工作的座谈会，分享自己在企业党政建设中的心得；同年4月10日，他作为“中华慈善奖”的获奖代表受到国家领导人的接见。

显然，与国家政策步调一致，保证了万达不会“误入歧途”。

亲政策，远政治

万达在党建方面的积极态势不容置疑，而作为全国政协委员的王健林，也与很多只知举手赞成的社会名流或企业家不同，他恰如其分地发挥着自己的个性，利用他的公众名声，在有限的政治空间里发挥着无形的影响力。

王健林曾在2012年的两会上直言，自己在前一年两会上提交的一份提案非但没有通过，反而被财政部敷衍了事。这件事，直到现在仍然被很多跑两会的记者津津乐道。

2011年的全国两会上，王健林提交了一份建议降低奢侈品进口关税的提案，且为了保证提案的权威性和事实性，他个人出资过百万元聘请尼尔森公司在境外进行调查，收集统计了中国奢侈品消费的数据。这份提案建议税务总局、海关总署在商务部的带动下，联合出台政策，以降低奢侈品进口关税，将日益扩大的中国奢侈品消费群重新吸引回国内，提高中国经济转变的速度。

当然，此提案也并非石沉大海、毫无音讯，王健林曾透露，这份提案受到一些领导的认同和支持，“遗憾的是，这个建议未能落实”。在2012年两会后，相关部委也专程发函对他在国家财政问题上的关注表示感谢，但之后表示：“关税并不是奢侈品价格高的原因，经过测算，关税成本平均只占零售价格的2% 左右。”

“他们是在糊弄我。”王健林如此形容看完复文后的心情，“我是很认真地准备这份提案，若是能够降低奢侈品进口关税，把中国人海外购物的部分需求引回国内，对于扩大消费、增加就业都是有益的。”

组织机构在下发每一份提案的同时，为保证充分解读提案以及充分重视每位委员的建议，都附有一份批复处理的反馈，分为“相当满意、基本满意、不满意、很不满意”，王健林二话不说，在“很不满意”一栏画上了钩。这件事的后续是，财政部方面最终站出来针对此事给出了解释，但是王健林并没有表现出对“解释”的满意。

实际上，政协委员的建言、提案的质量与行政机构的回复和诚意，类似交锋在近年来的两会上已经成为热点现象。虽然对两会提案的答复结果并不满意，但是王健林仍一如既往地积极履行着参政议政的角色。

在“炮轰”财政部的2012年两会上，王健林给出的提案是《对首次置业和首次改善型置业贷款恢复7折优惠利率》。

“促进房价合理回归”是政府当年调控的新口号。不过，王健林认为，“即使全国房价平均下降20% 左右，老百姓也得不到什么好处”。因为降价的同时，在国家对房地产行业实行宏观调控的大背景下，各家银行先后取消了首套房贷利率可享受7折优惠的政策，这样非但没有减轻购房者的负担，反而让一部分人的购房道路更加坎坷。

在王健林看来，在这一轮涉及政府、房地产商、购房者、银行几方利益的宏观调控中，除了银行笑到了最后，其他各方均未得利。

王健林并没有直接表达对房地产调控政策的异议，而是在认同的前提下，希望银行能恢复置业贷款的优惠利率，刺激中产阶层的住房消费，让购房者得到更多实惠，活跃房地产市场。此足见王健林对政府导向和大众意图有着极为敏感和正确的感知。

对于自己政协委员的身份，王健林说，作为新的社会阶层，民营企业家不仅仅要有善心、行善举，更要有社会责任感，要积极参与政治，发挥自己对国家民主政治的担当，这才是新社会阶层的责任所在。

除了对国家机关的尖锐批评，王健林也多次表达经济环境对企业家精神的遏制。令他忧心忡忡的是，虽然20世纪80年代的商界风起云涌，第一代企业家普遍都是摸着石头过河，但其中不乏魄力非凡的商业“枭雄”，但是现在的中国却越来越难以出现优秀的企业家。

他说：“中国现在最大的问题还不是经济增长快一点或慢一点，最大的问题是企业家精神的流失。80年代末90年代初的时候，很多官员、军官、教授都勇于下海闯荡做生意求发财。而现在很多人都没有这个勇气，中国的创业环境、舆论环境、资本环境、制度环境，都越来越有利于大公司发展，不利于小的创业家出现。”

眼下，越来越多的企业家看重的是享受，他们不再执着于事业上的成功与进步，而是取得一点成绩后就全身而退，抛下自己曾为之奋斗的企业。见此情景，王健林往往十分痛心和惋惜。“如果大多数企业家都不再有奋斗精神，都卖掉公司去享受的话，那这个国家就完蛋了。”

正是这种忧患意识，支持着王健林始终努力地参政议政，试图推动调整相关政策，希望能有一个合适的环境帮助企业家和创业者。除了以政协委员身份在两会这个正式场合建言，平日里，王健林也经常通过媒体表达对民生、房价等热门话题的看法。

自2014年以来，全国楼市进入了低迷期，成交量也一再下滑，某些一线城市甚至出现成交量“腰斩”现象，人们不禁将其与之前楼市“崩盘”的传言联系起来，即便是同为房地产大佬的王石也预测，中国市场在这一年“非常糟糕”。

对此，2015年2月王健林表示：“今年出现崩盘的论调只是原有论调的一种延续。”他始终保持着自己的看法。早在10年前，就有论调声称中国楼市要崩盘，其中不乏一些专业人士和著名经济学家。但是10年过去了，崩盘从来没有真正发生。

王健林显然对政府调控非常有信心：“中国的城镇化率还不到40%，十八届三中全会后的新型城镇化工作会议，国家首度把城镇化作为国家经济发展的重要支柱，作为推动国家发展的主要动力。”

当然，这些时候，王健林的发言身份有些模糊，更像是开发商为自己所在的行业利益鼓劲。亲近政府、远离政治，是王健林在政商关系上的基本策略。

而作为政协委员的王健林，积极而不激进地对公共事务的发言，恰当地展现了他的在场意识，应该说，他把这两种策略都经营得恰到好处。

予人玫瑰，手有余香

通过商业地产、文化产业长期经营获得巨额财富的王健林，其实还有另一张面孔——他是一个慷慨的慈善家。

王健林领导下的万达，一向注重宣传自己在慈善和公益上的贡献。在万达的官网上，公司和董事长个人在慈善界领取的大小奖项被归为“企业荣誉”的类目下，并被显著标志。

2014年8月3日，云南省昭通市鲁甸县发生6.5级地震，万达在第 时间召开会议，立即决定向灾区捐款1000万元。

面对灾难，万达已经多次挺身而出。2008年汶川大地震中，万达第一时间捐款500万元，之后不断追加，最后的捐款总额达到了3.59亿元；2010年，云南、广西、四川等西南五省市遭遇世纪大旱，万达捐款4000万元；仅一个月后，2010年4月，青海省玉树藏族自治州玉树县发生7.1级地震，万达又向地震灾区捐款1亿元。

自万达成立以来，20多年间，共向社会各界捐款金额累计超过37亿元，是中国民营企业中慈善捐赠额最大的企业。万达曾7次获得中华慈善奖——这是一个由民政部颁发的奖项，万达是获得该奖项最多的民营企业。

王健林在公益和慈善领域的贡献，也让他获得了很多社会荣誉。他担任中华慈善总会的荣誉会长，曾获得国务院颁发的“全国扶残助残先进个人”称号和中共中央、国务院、中央军委颁发的“全国抗震救灾模范”称号。

王健林也在积极推动慈善领域的理念和制度创新。2013年，王健林推出“万达集团大学生创业计划”慈善项目。该项目计划运行10年，到2023年截止，共投入5亿元人民币。每年挑选100个优秀的创业团队及个人，为每个创业项目提供50万元的起动资本，年投入5000万元。

此外，万达还树立了“物的价值低于人的价值，个人的价值低于企业的价值，企业的价值低于社会的价值”的核心价值观。也就是说，在万达，社会价值高于一切价值，当个人的利益、企业的利益与社会的利益产生矛盾时，万达要服从社会的利益。万达一直强调企业要承担社会责任，这主要体现在以下四个方面：

第一，万达从创业之初就十分重视慈善捐助。

万达在企业刚刚成立两年的时候，就对社会进行了捐款。当时，仍处于起步阶段的万达并没有太充裕的资金，然而当得知大连西岗区想要建设教师幼儿园却苦于没有资金时，王健林咬牙从自己并不宽裕的现金流中拿出100万元捐建幼儿园；1991年，万达又出资200万元建设大连人民广场，将广场中的水泥路改建为草坪。

当时，万达还购买了草坪喷灌设备。那时国产的喷灌设备只需要70万元，但这种设备使用年限短，王健林得知这一情况后，毅然决定购买进口的铂金喷灌设备——这个设备可以使用30年以上，还是由电脑操控的，技术比较先进，但其价格却高达200万元。从现在来看，王健林的决定十分明智——这个进口的喷灌设备已经使用了22年，依然完好无损。

1993年，万达为了资助建设西岗体育馆，捐出2000万元，在当时，这笔钱绝对如天文数字一般，可王健林更在意万达对大连的建设。

随着万达的发展壮大，其慈善事业也越做越大。2010年8月，甘肃舟曲发生重大泥石流灾害，得知这一消息后，万达立即召集企业的决策层，对此事进行商讨。最后，万达决定通过中华慈善总会向舟曲地区捐款1000万元。

据了解，万达捐出的这1000万元是舟曲自发生灾害后收到的第一笔巨额捐款。从中可以看出，只要国家有需要，万达必会冲在前头，这体现的是万达对祖国的深爱、对道义的坚守。

第二，万达把教育作为慈善重点。

自万达创立以来，先后在全国捐建了40多所希望小学和中学。比如，万达捐建的华府中学，其实原本想要建为小学的，但经过调查发现，西岗地区的小学过剩，缺少中学，于是万达决定多投资5000万元，将其建成中学——华府中学建在大连市中心，处于黄金地段。

不仅如此，万达还为华府中学建设了游泳馆、网球馆以及室内体育场。作为一所中学，能够拥有如此多的运动场，这在全国并不多见。

2003年，万达还为长春师范大学附属中学捐了5000万元建设资金，建成后，该中学的占地面积达到4万平方米，并设有48个班级。

万达也曾为几所大学进行了捐款。比如，1994年，万达就曾捐给大连大学5亿元。由于当时大连理工分校、大连医学、师范等学校合并而成的大连大学刚刚成立不久，很多设施没有达标，所以被教育部予以黄牌警告，并取消了大连大学的招生资格。鉴于这种情况，大连市政府希望万达作为大连市的先进企业，能够为大连大学捐款，尽快把大连大学的新校园建设起来。

万达当时面临着很大的压力，但最终仍克服了种种难题，将新校园建设起来了。之后，万达又陆续为大连大学捐款2500万元。

显然，不管是投资建设中小学，还是对大学进行捐款，从万达的这一系列慈善捐款中可以看出其对教育事业的重视程度。

第三,万达把员工行善视为成绩。

在万达，员工行善与业绩挂钩，也如为公司做出贡献一样会得到公司的重用和奖赏。对此，万达还出台了一些奖励规定以及标准。

公司有一名叫杨颖的职员，他在万达的物业部门工作。刚来这里工作时，他每个月的工资仅有1000多元。尽管工资不高，但他仍然会抽出精力去做一些善事。

周末的时候，他会到“爱在海边儿童村”，免费为这里的儿童上课。由于这里距离大连市区很远，每次来这里，杨颖都要花费好几个小时，坐多次公交车。

为了能够更方便地照顾“爱在海边儿童村”的儿童，杨颖搬了好几次家，每一次搬家都是为了便于乘车到儿童村。就这样，杨颖默默地对“爱在海边儿童村”的孩子进行义务教学。直到两年之后，同事将他的事迹在公司举行的演讲中说了出来，他的义举才被公司的高层得知。随后，他的工资翻了倍，还被提升为物业部副经理。

当然，这并不是万达的个例。万达还有很多像杨颖这样的员工，万达南昌地产公司的李建民也是这样一个人。

李建民是这家公司的副总经理，他坚持做好事10多年，还资助过几十个失学儿童，但是，他从来没有对别人讲过这些事。

一次，李建民外出办事，经过赣江大桥时，看到一辆面包车翻到了江堤下。当时看到这起车祸的人很多，也有很多人围观，却没人伸出援手。见此状况，李建民立即下车，跳下江堤救人。当天正下着雨，大堤有十几米高，又陡又滑，救人的难度很大。可李建民并没有放弃，他使尽全身力气，手脚并用，连抬带拖，总算将人救了上来。

巧合的是，当天正好有南昌电视台的记者路过，他们将李建民救人的场面拍了下来。之后，南昌电视台播放了这段视频，李建民救人的义举也被万达高层知道了。后来，万达在深入了解李建民时，发现他已坚持做了10多年的好事，也知道他捐助几十名失学儿童的事，这令万达高层敬佩不已——一个人偶尔做好事很容易，但十年如一日地坚持做好事就不简单了。

为了表彰李建民，万达在集团年会上请他发言，对他进行了表扬，并号召全体员工向他学习。不仅如此，还将李建民的工资晋升了一级，并把他提拔为总经理。

通过对做好事的员工的奖励制度，也可以看出万达强烈的社会责任感。

第四,万达的员工在慈善方面已“蔚然成风”。

很多企业都存在这种情况：公司的老板在社会上进行慈善捐赠，但公司的员工对此却不怎么积极。其实，慈善并不仅仅是企业老板一个人的事，更要在公司内形成一种慈善蔚然成风的气氛，让所有员工都心存爱心。

万达的企业文化就是要“公益社会”，承担社会责任，在这种企业文化的熏陶下，万达员工的慈善行为比比皆是。犹如传承一般，每年产生的新党员也都遵循着这股风气，主动捐助贫困山区、资助失学儿童。不仅如此，万达的每一个子公司都成立了义工分站，每一个万达员工每年至少做1个小时的义工。

一个个现实的例子已经足以说明万达对社会责任感的重视。万达不仅在国家需要的时候义无反顾地挺身而出，用慈善感动中国，更重要的是，其十分重视企业员工的慈善行为。也正是因为万达的重视和支持，才使得慈善之风在万达盛行，并形成了一种强势的企业文化，经久不衰。相信在这种企业文化的引领下，万达“百年企业”的大梦终将会实现。

背后的思索

不管是万达百货、万达院线，还是万达商业地产、文化旅游板块和高级酒店等，这些都是万达在多元化思维下的横向发展，机会与风险并存。事实上，对万达集团来说，有一个最根本的风险不容忽视，即来自经济周期或者商业周期的风险。

过去的30年，中国经济的飞速发展是万达集团崛起的重要环境因素，未来经济下行趋势将同样对万达构成致命威胁。

如果经济趋势下滑，那么万达集团所面临的风险将是系统性的。这不仅影响万达的利润生命线——住宅和商业楼宇的销售，也会对万达的百货、酒店和文化旅游板块构成重大冲击。万达集团的产业特征和经营体量，都使它和经济周期的关系更加密切。

而对于中国经济的发展前景，社会各界的看法颇有分歧。

2012年以来，房地产市场出现了不同的派系，各种争论此起彼伏，影响深远。

王健林曾经在无锡万达旅游文化城奠基仪式上指责那种唱空房地产的人是别有用心，他对中国经济走势十分乐观，认为中国目前的城镇化比例才51%，要达到像西方发达国家75%左右的城镇化率，意味着还有2.5亿人要移居城市，这将释放巨大的需求，也是中国房地产保持向好的最重要因素。

王健林甚至乐观地预测，到2022年前后，中国经济总量将会超过美国，成为世界第一。正是基于这种判断，万达集团才持续保持高投资、高增长的态势。

但是，2014年的数据却显示，房地产市场的颓势十分明显，以北上广深为代表的一线城市交易量下跌接近三成，与此同时，大量的库存和空置房使得房地产行业普遍资金紧张，有不少开发商因为资金链断裂而破产。

王健林所提及的这些只是理论上的增长空间。各国经济发展历史，像中国这样持续发展30多年的已经十分罕见，而如王健林那样设想再顺利发展20年的，几乎是绝无仅有的。

国家统计局于2014年7月16日发布的数据显示，2014年上半年，商品房销售面积为48 365万平方米，与去年相比，不增反降6.0%，商品房销售额为31133亿元，同比下降6.7%。可以看出，房地产的发展形势有所放缓，投资增速明显回落。

近些年，商业地产的“大跃进”，包括很多万达模式的追随者，比如大悦城、富力地产等商业地产的大量入市，不但延缓了销售速度，也提高了招商难度，拉低了租金收入，这些都对万达构成了直接的冲击。

自2014年6月以来，数十个地方政府都取消了限购措施，而中央政府也通过所谓的定向宽松政策，即央行给国家开发银行的定向降准、再贷款等措施，增加货币投放，推进更多棚户区改造、高铁等基础设施的建设。可以预见，货币政策也将逐渐趋于宽松。这对万达集团来说，不仅短期之内可以降低资金和财务成本，还为旗下的地产等业务提供了支撑。

电子商务带来商业模式的重大转轨，经济周期带来商业环境的转换，这些都对万达商业模式构成了重大的外部挑战。对王健林和万达来说，还有两项很重要的挑战是：万达的管理架构如何维系效率，万达股权结构如何支撑不断扩展的商业帝国。

万达早年的管理模式，基本是参考沃尔玛而形成的一套运营导向、中央集权的管控模式。在资产规模和营运规模日益扩大的同时，经营区域不断得到扩展，经营场所却日益分散，在这般情况下，想要长久立于不败之地，就不得不对经营管理、组织协调及风险控制能力加以重视。

目前，万达的核心模块包括战略管理、投融资管理、财务管理、HR管理、招商管理、规划设计、工程管理、销售管理、运营管理、信息管理等10项核心职能。

万达的信息管理系统有基础设施、信息门户和管理平台，其信息管理系统涵盖了招投标系统、项目过程管理系统、运营管理系统、营销管理系统、财务系统和人力资源系统。其中，OA 系统是万达集团的协同办公平台，主要功能包括文档管理、流程审批管理、新闻公告发布等。

王健林漫长的军旅生涯是万达模块化管理的思想基因，其也塑造了万达强调执行力的企业文化。不过，这种管理思路如何适应不同的业务体系，将是一个亟待解决的问题。

电子商务、金融、文化旅游和海外投资等业务模块，各自都有不同的行业规律，这些行业和之前建立的高度集权的军事化管控模式未必兼容，万达在管理上必须有所创新，才能跟上业务发展的步伐。

万达集团拥有十几万名员工，在全国90多个城市拥有业务，在全世界各地拥有全资子公司，横贯了商业地产、百货、文化旅游、院线、电子商务、投资和金融业务等领域，管理挑战巨大。如何在这么庞大的组织内保持效率、保持创新，而不陷入大公司的官僚主义病症，这很大程度上得益于王健林本人早年的军旅生涯。王健林曾经聘请国外知名的管理咨询公司为万达集团调整架构，增加管控和决策的电子化。

正如万达商业地产在其上市文件中所表述的："一方面，跨区域经营受到各地区的经济、文化发展程度差异影响较大；另一方面，快速扩大的业务规模延伸了公司的管理跨度，从而使本公司在业务持续、快速增长过程中对管理、营运能力的要求大幅提高。若公司无法在管理控制、人力资源、风险控制、营销方式等方面采取更有针对性的管理措施，势必会增加公司的管理成本和经营风险，使公司各项业务难以发挥协同效应，对公司未来业务的发展带来一定的影响。"

根据王健林的公开演讲，他已经从一线的管理事务中抽身，主管审计。不过，也有媒体报道，王健林依然是万达绝对的核心，万达的重大决策依旧高度依赖他个人。因为万达不是一家公众公司，外界的观感也许都是管中窥豹，尚不足以形成定论。

与管理难题相互伴生的是人才瓶颈。当企业达到一定规模，尤其是涉及众多行业的集团公司，人才逐渐成为最重要的资源。王健林表示，为了人才，他会八顾茅庐、十顾茅庐，万达也会不惜重金。

与万达集团合作的猎头公司有50个之多，他们都会为万达输送人才。此外，为解决人才短缺的问题，万达还建立了“万达学院”，通过做好培训，来培养更多的复合型人才。

但是，随着万达的业务越来越繁杂，万达的人才瓶颈依然是业内讨论的热点。

在股权层面，万达集团是王健林的私人公司，即便万达旗下的万达院线或万达商业分拆上市，王健林依然是万达集团的控股股东，万达集团在股权意义上将是一个“家族企业”。

王健林也可以不急于考虑万达集团的接班事宜，一是他自己精力充沛，还可以为万达工作很多年，另外他还有一个接班人——他的儿子王思聪。王思聪在英国接受了完整的教育，是万达集团的董事，他自己也拥有一家投资公司。根据公开的说法，王健林给了他5个亿让他创业，如果5个亿全部亏损了，他必须到万达上班。

不过，迄今为止，王思聪的投资效果还不错，另外，被罩着“首富儿子”的光环，通过微博等媒体平台，王思聪已经积聚了大量的粉丝，并且形成了与公共舆论过招的独特风格。这种明星气质虽然未必符合王健林的期待，但他完全可能成为王健林苦心栽培的接班人，在关键的时候接过接力棒，为万达的未来掌舵。

附录
王健林最新讲演两篇

2015年万达集团工作报告

（2016年1月16日 西双版纳）

今天，我们在美丽的西双版纳，在自己打造的度假区召开万达集团2015年年会。昨天与会的各位同仁都参观了度假区，体验了许多内容，相信仍沉浸在震撼与喜悦中，在此我谨代表万达集团13万名员工，向参加年会的各位代表表示热烈的欢迎！

今年报告分两个部分：

一、2015年主要工作成绩

2015年，中国和全球经济都持续恶化，全球又面临着新的恐怖主义的重大威胁，可谓问题重重。在这样艰难的形势下，万达集团依靠集团董事会的正确决策、以丁总裁为首的执行层的出色工作，更重要的是依靠全体员工的共同努力，2015年依然取得了优秀成绩。

（一）超额完成年度任务

2015年万达集团资产（按成本法数据）达到6340亿元，同比增长20.9%；收入2901.6亿元，完成年计划的109.3%，同比增长19.1%；预计净利润（未经审计）也同比大幅增长。

万达集团旗下万达商业2015年收入1904.5亿元，完成年计划的101.3%，同比增长4.4%。其中地产业务合同收入1640.8亿元，完成年计划的101.5%，同比增长2.5%；新开业万达广场26个；万达广场租赁收入144亿元，完成年计划的101.1%，同比增长30.7%，这是非常可喜的；由于租金大幅增长，租金收缴率及物管费收缴率达到100%，租金利润占万达商业利润比重预计超过35%，比2014年提升5个百分点；万达商管已连续三年实现100% 收租率。开业酒店10个，酒店总客房数21 961间；酒店收入52.4亿元，完成年计划的101%，同比增长22.5%；酒店业主利润7.1亿元，完成年计划的119.7%，同比增长22.4%。新增持有物业面积475.5万平方米，累计持有物业面积2632.1万平方米（不含万达集团持有物业面积），继续保持全球领先地位。万达广场及飞凡合作商业中心年客流量46.2亿人次，其中万达广场年客流量20.3亿人次。成功举办第九届万达商业年会，3000多个商家、超万人注册参会；万达商业年会已从一个公司的会议升级为行业盛会和线上线下融合的开放平台，做到完全对外开放。今年万达商业年会是第十届，逢五、逢十是大节，希望商管认真办好今年的万达商业年会。万达商业其他收入67.3亿元。

万达文化集团2015年收入512.8亿元，完成年计划的114%，同比增长45.7%。美国 AMC 超额完成全年计划。万达院线收入80亿元，完成年计划的120.4%，同比增长49.9%；票房63亿元，同比增长49.6%；"万人迷"会员超过5000万人，增长超过50%，每月增加超过200万会员。票房收入65%来自线上，说明万达院线已是典型的互联网＋企业；会员消费占比超过80%，说明万达院线稳定收入占大头；新增屏幕941块，累计2557块银幕；万达院线上座率是行业平均的1.9倍，单屏幕收入是行业平均的2.1倍。

万达影视传媒公司票房61.5亿元，收入5.8亿元，完成年计划的180%，同比增长36.1%，影视公司成立仅两年，票房及收入两项核心指标均位居国内民企第一；投拍的《煎饼侠》《滚蛋吧，肿瘤君》《寻龙诀》等电影获得口碑票房双丰收。

五洲电影发行公司发行票房67亿元，占国产电影市场份额的四分之一；收入16.5亿元，完成年计划的183.7%；五洲发行成立仅一年，票房及收入就排名民企第一。

在此，集团要对院线、影视、发行三家公司以及分管副总裁叶宁的出色工作提出表扬，年会前已对这三家公司的总经理给予提拔。万达有句老话：在万达工作好就是最好的关系。万达有人才管理的五条原则，人际关系简单化是其中一条，所以在万达工作好就会被提拔。这里号召集团所有系统向三家公司学习，万达年会总结已经好几年不单独表扬公司和个人，但他们的表现确实非常出色，所以破例点名表扬。

万达旅业收入120.1亿元，完成年计划的111.7%，同比增长59.8%。

万达体育控股收入58.7亿元，完成年计划的132.7%。

万达儿童娱乐新开业51家店，累计开业60家店，收入2.2亿元，完成年计划的103.6%。文化集团其他收入38.1亿元。

万达金融集团收入208.9亿元，完成年计划的697%。由于金融集团刚成立，这次年会对金融集团各公司的情况就不一一分列了。

万达百货收入230.5亿元，完成年计划的102.3%，同比增长11.1%。集团其他收入45亿元。

让人非常高兴的是，集团所有系统没有一个掉队，全部超额完成任务。在中国经济困难的情况下，能够做到这样，充分证明了万达的执行力。希望在座各位继续努力，每年年会时都能开心参加。

（二）企业转型初见成效

1. 服务业收入大幅增长。2015年万达服务业收入占集团收入达到43%，服务业收入占比比2014年提高10个百分点。房地产收入保持平稳，几乎没有增长。

2. 商业租金大幅增长。商业租金增幅超过30%，利润占比预计超过

35%。照此速度，万达商业租金利润占比很快就会超过50%。

3. 轻资产打通道路。首先是开启合作万达广场模式。以前万达都是自己买地自己投资，物业和租金全归自己。去年推出轻资产战略后，大批投资者上门，愿意出地出全部投资，万达出品牌，负责设计、建设、招商、运营；租金七三分成，投资者占七成，万达占三成。这种分成比例在世界商业领域很罕见，一般做品牌管理，分成最多15%～20%。万达商业2015年已在北京、大连等地签约3个采用这种合作模式的项目。这让集团和万达商业管理层认识到，万达品牌是值钱的，决定将合作万达广场模式作为今后万达商业轻资产的主攻方向。这种模式有两大好处：一是零风险，地是净地，钱别人出，而且我们要求合作项目建设时，施工队伍必须是万达指定的，所有设备必须使用万达品牌库中的优秀品牌，避免建设品质不好影响后期运营管理；二是不用资本化。只管建好管好项目，不用考虑资本化。

其次是将建好的万达广场成本价卖给投资者，收回投资，租金也是投资者和万达七三分成。今年开业的25个轻资产万达广场，20个已签署协议。投资者为什么愿意接受七三分成？因为轻资产万达广场是中国市场上的稀缺资源，收入稳定、风险极低。轻资产万达广场的租金收益超过两位数，投资者表面看只拿到7%左右的回报率，但投资者自己买地投资可能还不如万达7%的租金回报率高。万达之所以能做到这么高的回报率，一是因为万达品牌有影响力，到哪里都受欢迎，拿地便宜；二是万达成批施工、集中采购，使建设成本大幅降低；三是重新设计了轻资产万达广场平面布局，以前万达广场的使用率55%左右，现在超过60%，增加了可租赁面积。

（三）文化产业高速增长

1. 万达已成为行业龙头。万达文化集团成立仅三年，每年收入都以百亿数量级增长，2015年万达文化集团收入已是行业第二名到第十名收入的总和，而且今后差距还会进一步扩大。万达文化集团已成为中国文化产业当之无愧的领军企业，无论是品牌影响力、收入规模，还是国际化程度，都当之无愧。

2. 形成四个产业板块。万达文化集团已形成影视、体育、旅游、儿童娱乐四个产业板块。四个板块中，除旅游居中国第一外，其他三个行业论收入和规模都是世界第一。体育产业通过并购成为世界第一；儿童娱乐本来也没有超级规模企业，所以第一也正常；万达影视并购美国传奇影业后，2016年收入也将成为世界电影产业收入最大的企业。万达旅游产业我们已定下目标，2020年收入超过1000亿元，旅游人次超2亿，成为全球最大的旅游企业。靠什么实现目标？万达正在全国打造大型旅游目的地，已经开业三个大型文旅项目，除武汉外，其他两个都在相对偏远的地区，交通还有点困难。但今年开始，我们就要在发达城市、交通干线沿线开业大型文旅项目，旅游人次将大幅增长。有这么多大型旅游目的地，万达旅游2020年一定要坚决实现世界第一的目标。

形成四个产业板块并不意味着万达文化集团今后不再发展其他产业，如果有好的资源出现，不排除通过并购方式进入新的产业板块。

3. 线上线下融合发展。非常可喜的是，2015年万达文化产业开启了互联网＋的发展模式，线上线下融合发展。比如影视产业，电影制作、发行、放映，加上时光网；旅游产业，大型旅游目的地、中国最大线下旅行社，又投资同程旅游。儿童娱乐也按照集团指示开始探索实体店加网络加动漫制作的模式。发展儿童娱乐绝不是在全国开几百家店、简简单单卖点会员卡就可以，还要结合动漫制作，进行线上服务、开发 IP 产品销售等等。

4. 获得大量知识产权。2015年万达向中国以及世界各国政府和相关部门申报专利及知识产权470件，获得中国以及其他国家专利及知识产权1330件。去年申报470件，却获得1330件批准，说明以前申报了很多专利和知识产权。目前万达已累计在中国及全球获得专利及知识产权4219件，其中绝大多数是文化类知识产权，这就是万达文化产业发展腾飞的根本保证。

5. 完成两件大事。一是万达院线成功上市，成为中国院线第一股。从1月上市到年底，股价涨了10.2倍，成为全球市值最大的院线，入选沪深300成分指数。我看到脸书上一个美国人写道："世界上最好的公司就是万达院线，可惜美国人买不到。"但万达院线也别太骄傲，除了你们自身努力因素，能取得这么好的成绩，根本原因是赶上了中国电影产业高速增长的黄金期。

二是西双版纳度假区开业。这是万达文化旅游的升级作品，跟武汉、长白山的文旅项目完全不同，西双版纳度假区的主题乐园、万达广场都具有浓郁的地方文化特色。万达在中国各地发展，每个项目都要体现地方特色。度假区的三个五星级酒店堪称世界山地度假酒店的极品。傣秀以及主题乐园中的两台节目都达到世界一流水平。2018年连接中国、老挝、泰国的昆泰高铁就将通车，高铁车站距离度假区只有两三公里的距离。由于实现与中国高铁网络联通，从成都过来只要5个小时，重庆过来只要3个多小时，昆明过来只要两个小时，从广州、深圳过来也很方便。我相信届时万达西双版纳度假区一定会极其火爆，一房难求。

（四）成立金融产业集团

1. 在上海注册成立万达金融集团，注册资本100亿元，下设网络金融、飞凡科技、保险、投资等公司，金融集团很快还会增加新的成员。

2. 探索网络金融模式。万达的O2O这两年一直在探索，也走过弯路，现在内部已经达成共识，先把网络金融搞起来。现在其他企业的O2O都是烧钱，依靠股东不断投钱才能维持。我曾经说过，不管什么行业，靠股东投入来维持运营，一定不行。万达搞网络金融，要有收入和利润，能养活自己。首先要把“飞凡一卡通”做大规模，这是连接所有网络金融业务的核心节点。飞凡卡规模做大了，再发展别的领域，不要一起步就什么都做。飞凡去年开启对外合作模式，10月启动，不到3个月时间，对外合作签约大型商业中心470家，加上130多家万达广场，飞凡网络商业中心已突破600家，2015年到店消费人次46.2亿，飞凡O2O已覆盖超过1亿的消费人群。

3. 落实与大型金融机构合作。去年达成了与超大型金融机构的合作，把信用卡功能叠加在飞凡卡上，飞凡卡具有网上预订停车位、订座位、排队等很多应用功能，再加上优惠、积分互换、存贷、汇兑、个人账户信用卡等多种功能，已成为全球第一张集多种功能于一身的全新金融一卡通产品。

（五）企业并购成绩显著

1. 并购优质资产。2015年万达跨国并购了盈方体育、世界铁人公司、澳洲HOYTS院线、传奇影业，投资西班牙马德里竞技足球俱乐部等，海外总投资额超过50亿美元。截至2015年12月30日，万达集团海外投资总额已超过150亿美元，其中美国就投资100亿美元。2012年万达并购AMC，我去美国时说了一句话，“未来十年万达至少要在美国投资100亿美元”。美国一家著名媒体报道时加了个标题：《希望王先生兑现他的承诺》，意思是别忽悠美国人。现在才过去3年，我们在美投资额就超过100亿美元。我准备让记者再写一篇文章在美国发表：《万达已提前兑现在美投资承诺》。在国内，万达并购百年人寿、世茂院线等一批企业，投资同程旅游、时光网等，国内投资额超过人民币100亿元。万达在国内外并购的都是优质资产，有些还是稀缺资源。比如盈方体育，它代理了足球世界杯亚洲区的转播权，特别是在冬季运动领域，盈方与世界七个主要国际联盟，包括滑雪、滑冰、冰球等都是独家合作，拥有这些组织赛事的营销权、转播权。世界铁人公司拥有世界唯一的“铁人”三项赛事品牌，占据全球长距离三项赛事90%以上的市场份额。随着国际并购的增多，“国际万达”的影响逐步显现。比如与美国总统、英国首相等多国政要单独会晤，会见了美国高盛 CEO 等一批国际顶级企业家，有幸被美国哈佛大学聘为其全球顾问委员会唯一的副主席。特别是万达并购传奇影业，在全球引起超出预期的巨大反响。中国外交部新闻发言人表示，希望以万达并购传奇影业为契机，进一步扩大中美文化交流。

2. 并购产生协同效应。并购盈方体育开启了万达进军体育产业的大门，让万达认识到体育产业该如何做。不是像一些国内企业那样，弄个俱乐部，猛往里投钱，万达是向体育产业链上游扩张，收购国际品牌赛事。万达投资同程旅游、时光网，都与万达现有产业形成巨大协同效应。在电影产业，万达是全世界唯一拥有制作、发行、放映、网络全产业链的企业；在旅游产业，万达是全中国唯一拥有大型旅游目的地、线下渠道、线上网络的企业。但要让互联网＋的威力发挥出来，还需要影视控股、旅游控股的同志好好做功课，不是有了互联网就等于有了互联网＋，这是两个概念。

3. 并购企业运行良好。开年会前，万达已经落实铁人三项国际赛事在中国三个城市落地。受铁人公司运营能力所限，不能一下子在更多城市落地赛事，只选了三个，签了协议，今年就会在这三个城市举办大型国际铁人三项比赛。盈方体育也很快会增加在中国的两个重大比赛。传奇影业与文化集团达成有担保的5年运营目标，澳大利亚院线今年将赢利。万达投资的百年人寿，之前亏了8年，但万达有运气，去年投资今年就能赢利。

这些并购企业运营态势良好，因为万达是一个巨大的商业生态系统，而且有强大的执行力。如果预期很好，万达可以有暂时亏损的企业，但不允许有长期亏损的企业，一定要赢利，赢利才是支撑企业生存和资本市场价值的根本原因。没有赢利，靠讲故事是不能长久的。

（六）公司管理持续进步

1．管理水平升级。2015年由丁总牵头，组织集团8个部门，启动了商业地产BIM工程管理。BIM是工业领域的专有技术，万达在全球首个将工业BIM技术移植到工程管理项目，实现工程项目全周期的智能化管理，这是对全球不动产行业的一次管理革命。通过去年的实验，万达商业管理人员减少了10%，节省开支10多亿元，做到了减员、增效，而且更主要的是堵住了管理漏洞。

2．商管招调商制度改革。实现品牌库管理、招商、运营的三权分立，大幅降低自由裁量权。慧云系统升级到2.0版本，在保证运行安全性、操作便利性的前提下，做到优化升级。这个系统很牛，通过一个手机APP，全世界任何地方、任何时间都可以进行对万达广场的管理。万达商业到美国路演，美国人问万达在中国有这么多广场，分布范围比欧洲还大，怎么管理？万达商管的同志当时就把手机拿出来，不管是哪个广场，想看收入、人流还是安防，马上就能看到，美国人当时就晕了，他们没有想到中国商业管理现在这么先进。

3．影视制作项目开发内部竞争。影视公司内部项目开发实行多部门竞争机制，实现优胜劣汰。项目开发不是影视制作单方决定，而是由制作、发行、院线等共同投票决策，大幅降低开发风险，所以万达影视2015年投拍的电影全部赢利。其实这就是好莱坞的电影制片模式，刚开始实行这种制度时，业内还有人笑话我们："拍电影，爷说行就行，爷说不行就不行"；还有人说："万达不签演员，不搞经纪公司，拍电影还要投票，这是电影企业吗？"但万达用事实证明商业模式的先进，万达影视已拉开与第二名的距离，而且领先优势还会进一步扩大。

4. 文旅院被科技部、财政部、税务总局认定为国家高新技术企业。中国有几万家规划设计企业，万达是首家，也是唯一通过自主创新获得国家高新技术企业认证的规划设计企业。汉秀、傣秀虽然请了外国导演，但建筑、设备主要是万达自己研发。从南昌万达城开始，主题乐园重大设备和其他文化类设备全部由万达文化旅游规划研究院自己研发，具有全球专利。

5. 人才结构发生改变。万达集团现有高管中三分之二是非房地产专才，外籍高管已达10人，占比近四分之一。万达几年前开始，每次开半年会、年会、重大会议都要安排同传翻译，也就是国际化的小小证明。

（七）带头承担社会责任

1. 就业。2015年万达新增10.5万个服务业岗位，其中大学生4万人，万达新增就业岗位与大学生就业均占当年全国新增就业的约1%。

2. 创业。支持57名大学生创业，创业成功率超过95%。成功率高是因为万达有专门创业指导部门，服务好。

3. 纳税。2015年万达集团纳税302亿元，同比增加10%，在中国，纳税超过300亿的企业屈指可数。

4. 慈善。2015年万达现金捐助3.6亿元。

5. 扶贫。去年万达签约贵州丹寨县，在全国首创"企业包县，整体扶贫"

的企业扶贫模式。去年已落实投资3亿元、2000人规模的职业大专学校，已获得项目土地，今年3月就会开工。这是全国第一个县级职业大专学校。

2015年万达取得很好的成绩，也存在不少问题，比如个别员工贪腐，机关人浮于事、大公司病、报喜不报忧的现象依然存在，希望各级高管重视并逐步解决。由于时间关系，年会就不细讲了，这些问题我们将召开专题会研讨改进。

二、2016年主要工作安排

（一）2016年主要收入目标

2016年万达集团资产达到7500亿元，收入2543亿元；同比2015年下调12%，收入目标下降的主要原因是万达商业较2014年主动下调房地产收入640亿元，如果按以往每年增长10%比例计算，万达商业下调房地产收入超过800亿元。但万达集团服务业收入目标大幅增长。

万达商业2016年计划收入约1300亿元，虽然收入目标下调，但净利目标将保持两位数增长；房地产合同收入约1000亿元；竣工入伙收入约1100亿元；开业55个万达广场，数量相比2015年翻番；租金收入约195亿元；开业14个酒店，收入61.4亿元；新增持有物业580万平方米；新发展项目71个，其中文旅项目1个、重资产万达广场3个、轻资产万达广场54个。我看到一篇文章，说首富要退出房地产，其实万达不是退出房地产，只是不再把房地产作为主导产业，不再作为万达收入和利润增长的主要来源。因为房地产是周期性行业，好几年，坏几年。而且全世界房地产的发展规律，只要城市化率达到75%，自有住房率超过80%，房地产行业就会萎缩。万达要追求长期稳定的现金流，就必须转型。房地产，万达还会一直做下去，只是把收入规模稳定在千亿元左右，不再扩大规模，增长主要靠其他产业。

万达文化集团2016年收入目标666.4亿元，同比增长30%。如果实现这个目标，万达文化集团将进入世界文化企业十强，这是非常振奋人心的。其中 AMC 和万达院线收入都会稳步增长，万达院线收入实现 ××× 亿元，不是我不讲数字，是他们不让我讲实际数字。新开业影城77家，新增屏幕（不含并购）698块；万达影视传媒计划收入10亿元，同比增长71%；五洲电影发行计划票房90亿元，收入17.6亿元，同比增长10.6%；五洲发行目标很低，你们是不是想先报低点，年底好超额完成？万达旅业计划收入161.7亿元；万达主题娱乐公司计划收入17.7亿元；万达儿童娱乐计划收入7.8亿元；万达体育控股计划收入70亿元；文化集团其他收入7.3亿元。

万达金融集团2016年计划收入211.8亿元；其中网络金融收入44.6亿元，活跃会员超过1亿，飞凡卡发行5000万张，飞凡合作大型商业中心新增1000个；这是飞凡公司自己提出的目标，真做到也不简单。

百年人寿计划收入165.2亿元；快钱收入40.1亿元；投资公司完成3家较大海外、两家国内（不含院线）较大并购。

万达百货2016年计划收入175.3亿元，今年实现整体盈利，为自己将来 IPO 打下基础。集团其他公司计划收入49.2亿元。

（二）基本实现企业转型

一个世纪来，全球大型房地产企业没有一家转型成功。万达就要改写世界经济历史，成为世界首家大型房地产企业成功转型为服务业企业的样板。万达转型绝不是口头说说，样子做做，而是说到做到。2016年是万达转型关键年，有三个标志：

1. 集团服务业收入、净利占比过半。万达集团2016年服务业收入和净利润两项指标占比要超过55%，力争到60%。到2016年底，万达将不再是房地产企业，而成为综合性企业。预计到2017年，万达超过三分之二的收入和净利润将来自服务业，比原计划提前一年实现转型目标。

2. 万达商业利润结构发生变化，力争2016年万达商业50% 以上的利润来自地产之外。

3. 海外收入较大增长。2016年万达集团海外收入占比力争达到20%。

（三）重点发展文化产业

1. 调整发展目标。万达文化集团2012年成立时定的目标是2016年收入达到400亿元，2020年收入达到800亿元，结果去年收入就超过了500亿元，现在看这个目标定低了。经过研讨，我们将2020年文化集团的目标调整为收入1500亿元、净利120亿元，实现这个目标要5年，但关键看今、明两年。5年后，万达文化集团一定会成为世界行业领袖，目标是进入世界文化企业前五强。

2. 创新与知识产权。万达文化高速增长，关键靠创新和知识产权。2016年以文旅院为核心，包括商业规划院、酒店设计院以及文化集团系统各公司，都要把自主创新放在第一位。特别是今年开业的南昌、合肥两个万达城的主题乐园和四台演艺节目要实现超越。昨天晚上大家都看了傣秀，效果很好。南昌、合肥万达城的节目要做到开场就有掌声和喝彩声，那才叫水平。

3. 办好重大赛事。2016年体育控股公司至少在中国落地三大类赛事，注意不是三个赛事，而是三大类赛事。而且要达到唯一性、世界级两个标准，要么赛事在中国具有唯一性，要么中国有此类赛事，但我们是世界水准，比原来的高。现在铁人三项落地三个城市已经确定，另外还要落实两项重大赛事，因为正在谈判，还不能公布。这两项赛事或者万达拥有 IP，或者与国际体育组织共同拥有IP，也就是在中国重新创立世界级赛事。

4. 做大旅游产业。全球企业中只有万达建立了完整的旅游产业链，拥有多个大型旅游目的地、线下旅行社、线上网络平台，做到了互联网+，现在就差一个航空公司。2016年万达主题娱乐与旅游控股要做的是提升效益，特别是把西双版纳、南昌、合肥三个项目做旺。南昌、合肥项目条件较好，一是两个城市都通高铁，而且都是区域交通枢纽；二是位于中部地区，全国各地去这两个城市都比较近。关键是西双版纳，现在交通还不太方便，要创新思维，不能用传统办法。另外要完成两家旅游企业并购。

5. 做好南昌、合肥万达城开业。5月南昌万达城开业、9月合肥万达城开业，时间很快就到。不仅要按时完成工程，而且要保证质量，文旅项目中心的奖金必须与质量、进度挂钩。开业要做到万无一失，开业前所有设备都要求拿到美国、欧盟和中国认证。美国和欧盟的认证是最严格的，一定要确保拿到，这对质量是保证。要做好开业计划，确保成功开业。

6. 文化品牌走向国际。今年万达文化旅游城要落户1～2个发达国家，而且是轻资产模式。现在项目已基本确认。这是中国首次向发达国家出口重大文化产品，对中国文化产业都是重大突破。全世界除了美国的迪士尼，还没有其他国家的重大文化产品能向全球出口。而且迪士尼做了半个多世纪，全部项目加起来没到两位数。万达城品牌一定要超越迪士尼，走遍全世界。而且万达去任何国家都绝不套用在中国的打法，一定是到哪个国家，就体现哪个国家的文化特色。为什么争这口气？就是要改变中国某些地方官员崇洋媚外的毛病。上海迪士尼终于宣布今年要开业，一个项目前后花了20年时间，成本不知增加多少。无锡和广州两个万达城一定要做好，在旅游人次、收入两项核心指标上超过迪士尼，广州万达城要超过香港迪士尼，无锡万达城要超过上海迪士尼。中央电视台有个节目叫《焦点访谈》，口号是“用事实说话”。万达也要用事实说话，证明中国人可能过去不如外国人，但现在特别是将来不比外国人差，甚至比外国人强，这就是我们的万达精神。

（四）创新网络金融模式

1. 发挥自身优势。万达搞O2O，不能照搬他人，一定要利用万达线下资源的巨大优势，创出独特模式。首先万达的优势是拥有海量线下商户和客流。2015年超过46亿人次客流，今年客流有可能超过100亿人次。互联网企业的最大问题是必须花钱导流，而且不稳定，稍不维护顾客就会流失。万达的客流都是走顺了腿，天天来。其次飞凡有云收款系统，掌握商户现金流入口。再次万达在中国各地都有落地的执行团队，万达庞大的商管体系就是执行能力的保障。资源都有，现在就要看能不能把优势转化为产业优势和利润，金融集团要好好研究把线下资源和网络加起来。

2. 成为一流征信公司。万达拥有海量商户和顾客消费大数据，这是万达做征信的天然优势。而且万达的消费数据链比电商更完整。数据显示，万达顾客人均每年到万达消费超过50次，平均每周一次，不仅是购物，还包括吃喝玩乐。而电商主要是购物，很多购买还是一次性的。

3. 开展网络信贷。到2020年，万达O2O将与5000家大型商业中心合作，拥有200万商户，覆盖7亿～8亿城市消费人群。即使部分商家和个人使用万达网络信贷，总额也不可小视。现在网贷需求很大，核心问题是要解决贷款资金来源，降低资金成本。飞凡网络中的商家大多是中小商家，都愿意贷低成本资金，解决这两个问题，就不愁做大。

4. 创造全新一卡通。飞凡一卡通将优惠、积分互换、存款、汇兑、信用卡多种功能集于一身，现在又有大型金融机构支持，2016年要力争发放5000万张飞凡卡。发卡量大，就能为网贷资金提供来源。飞凡要向余额宝学习，可以提供比余额宝略高一点的存款利率，吸引资金进来。中国的宝宝类支付平台是拿着钱找不到投资路径，只好存在银行里。万达有上百万商家、上亿顾客，掌握数据随时可以发放贷款。只要把卡发起来，做大规模，一定能为解决许多问题找到办法。

（五）持续开展企业并购

1. 继续买。外界老说万达买买买，那我们就继续买。2016年要完成3宗较大规模的国际并购和两宗国内并购（不含院线）。特别是万达院线要利用自身在资本市场的优势，加大对国内院线的并购。

2. 买得对。要买相关性强、能增加万达竞争力的业务，不是什么便宜就买什么，要买得对。比如盈方，万达买来后，开启了体育产业大门，找到了体育产业的发展模式，很快做到世界前列。而且我要提醒一下，今后尽量不以万达名义出面买，现在外界一看是万达来买，马上抬价。

3. 地标性。可以每年在全球主要城市地标地段投资1～3个持有物业，但要强调回报率测算，要达到回报率才可以投。海外持有物业的管理也要竞争，管理公司要招标。

（六）不断提升企业管理

企业竞争归根到底靠管理。再新的技术、再好的模式，最终都要靠管理才能落地。管理不到位，就没有竞争力，也不会长寿。现在很多中国企业一天到晚研究技术，一说就是互联网＋，一提就是创新模式，我看其中存在泡沫成分。不是不要创新技术，也不是不要创新商业模式，但归根到底要看管理能力，看有没有利润。企业竞争不仅看现在，更要看企业十年、二十年后是否还能存在，能看到长期现金流的公司才是优秀的公司。

1. 以净利为核心。今后万达不以收入论英雄，要以净利、市值论英雄，谁创造的净利高、谁的市值大，就提拔谁，就给谁位置。今年年会对搞电影产业的四位同志给予表扬和提拔就是例子。

2. 控制成本费用。去年丁总牵头搞的编制调整很好，今年要继续推行。万达逐渐从地产转向服务业，控制成本费用就是增加盈利，就是增加核心竞争力。搞房地产一个项目投资几十亿，多花几千万看不出来，搞服务业不一样，所以要特别注意控制成本和费用。我们设定了一条红线，所有公司成本费用增长幅度不能超过收入和利润增长幅度。每个公司都可以申请更高费用、更高成本，但幅度不能超过收入和利润增幅。

3. 推行 BIM 工程。今年1月试点，四季度完善所有细则，2017年1月起正式施行。实行 BIM 以后万达基本就没有招投标了，一个项目根据所在地区和产品等级，成本按照样板计算就可以，使管理更准确。BIM 工程除了减员增效、管理便捷外，还能减少腐败机会。

4. 慧云升级到3.0版本。2016年将慧云3.0版本研发完，2017年与 BIM 工程一起正式运行，要将慧云3.0版本打造成全球规模最大的“云架构”智能商业管理系统。

5. 强化审计监督。一是平时要以预防、堵漏洞为主。二是加大审计力度，该处分就处分，该开除就开除，该追刑责就追刑责。三是在网站上公示除名和追究刑责人员名单，不能让腐败分子宰一刀走人，要断了腐败分子的财路。

（七）持续带头承担责任

1. 就业。2016年新增就业岗位10万人，其中大学生4万人。

2. 创业。支持100名大学生创业。

3. 纳税。全年纳税300亿元。

4. 环保。实施《万达绿建节能工作规划（2016—2020）》。万达已经完成2011—2015年绿建节能规划，所有目标完全达到。从2011年到2015年，万达获得的绿建设计和运行认证占全国总量的三分之一，远远走在其他企业前面。今后万达所有项目都要按新的规划要求，获得国家绿建设计和运行认证。

5. 捐助。2016年慈善捐助金额4亿元。

6. 扶贫。3月丹寨职业技术学院要开工，确保2017年上半年开学。扶贫基金正式运作，今年发放扶贫基金利润。为什么要设立扶贫基金？因为总有一些孤残人士，没有劳动能力，无法靠产业脱贫。关于产业扶贫项目，一季度我会再次赴丹寨现场开联席办公会，确定后力争年内开工。

集团董事会衷心感谢万达集团全体员工2015年的努力工作，在万达工作是比较累，但付出才会有回报，我们也获得了超常的增长和成绩，每一年都能看到万达新的巨大的变化。

同时感谢西双版纳度假区全体员工，特别是万达文华酒店、皇冠假日酒店和希尔顿逸林酒店的全体员工为年会所做出的辛苦工作。

猴年即将到来之际，我借年会机会向在座各位，也通过你们向万达全体同仁祝猴年吉祥！恭喜发财！

谢谢大家！

万达国际化

（2016年2月23日 牛津大学）

非常荣幸有机会在牛津大学公开课上谈万达国际化的体会，因为时间关系，我先做一个简短演讲，剩下时间欢迎大家提问。我演讲的题目是《万达国际化》，讲四点：

一、国际化理由

一是做大企业规模。有些产业要做大规模，必须国际投资，特别是在娱乐、体育这些行业，国外市场比中国发达，这是万达国际化的重要原因。

二是成为国际企业。2015年有篇最牛辞职信红遍中国，一位教师在辞职信中说："世界那么大，我想去看看。"我想借用这句话来说万达，"世界这么大，我想去闯闯"。

万达企业文化核心一直是8个字。1988年创立公司时，我提出企业文化核心是"老实做人，精明做事"。那时中国刚改革开放，做生意骗子很多。我们就讲诚信，提倡"老实做人"，同时还要"精明做事"，别人骗我一次是他的错，但骗我两次就是我的错。发展几年，企业有了一定财富积累，企业文化核心又改成"共创财富，公益社会"，提倡大家共同创造财富，同时对社会做贡献。2004年，万达对企业文化做了一次全面提升，梳理总结万达的企业目标、发展宗旨、经营原则等，提出"国际万达，百年企业"。当时知道"百年企业"是做长久的企业，但"国际万达"究竟是什么还不太清楚，所以这个口号提出后，国际化并没有马上实施，直到2012年万达才真正开始国际化，但这说明万达很早就有国际化志向。

说起万达国际化还有一个故事，好像是天意。万达最早的名字叫西岗住宅开发公司，主要做房地产开发，1992年企业搞股份制改造，觉得这个名字太土，决定改一个名。当时搞了一次企业名字有奖征集，花2000块钱作为奖金，大概两百人投稿，从中选出十来个，一个个介绍他们起的名字和标志，大概是第3、4位入选者提出的方案被我们采用了。这就是现在的万达标志，深蓝色，由万达的拼音字母WANDA变形为海浪和航船。为什么用蓝色呢？因为万达是海边诞生的企业。为什么外面要画一个圆圈呢？设计者说是走向世界。我们觉得这个寓意好，就采用了，那时万达还没走遍中国呢。所以万达刚开始就有志于成为国际企业，没有这种志向和目标是不可能走到今天这一步的。

三是规避经营风险。有句俗话讲，不要把鸡蛋放在一个篮子里，企业跨国发展意味着减小企业经营风险。一个国家发展得再好，经济也有调整时期，但全世界经济同时出现大调整、大萧条，这种概率是极低的。而且中国政府也鼓励中国企业全球配置资源，利用全球市场。所以从规避企业经营风险的角度，我们也应该走全球化道路。

二、国际化战略

1. 并购为主

万达海外投资以并购为主、投资为辅。为什么这么做？因为从英国工业革命到现在，世界市场特别是一些主要市场领域，基本上都被先进入的企业瓜分了。如金融行业，不通过并购，自己进去重新闯荡，虽不能说绝对没有机会，但也基本没有机会。现在万达搞体育产业，各种国际品牌体育赛事所有权、转播权，基本都被老牌家族公司或跨国公司瓜分，我们要进去，只能靠买。有人在中国媒体上说万达“就知道买买买”，我就问他，如果我不买，你告诉我怎么办？

2. 相互关联

有些人讲中国企业是不买对的、只买贵的。但万达国际化重点在于买得对。什么叫买得对？我们有两条标准，一是与万达现有产业有关联。万达国际化进入的产业都是万达已经在干的，不管是不动产，还是文化、体育、旅游，都是万达现在正在从事的产业。这样做的好处是我们有一定的知识积累和人才储备，了解行业是怎么回事。二是万达不管跨国并购还是投资项目，都要求这些业务能移植到中国，能在中国获得更快发展。举一个体育公司并购例子，万达2015年并购了世界最大的铁人三项公司——美国 WTC，并购公司不到半年，我们就把铁人三项比赛在中国厦门、合肥落地了。这项运动过去在中国是一个盲区，我们推广后，大众才知道铁人三项到底是什么。目前中国在这方面运动人数也少得可怜，13亿多人口中只有200多人从事这项运动。我们在中国推广这项运动，至少可以做到几十万人参与。因为中国正进入健康时代、全民跑步时代，拥有巨大的发展空间。WTC 在国外很难做到快速增长，一般有百分之几的增长就不错了，只有在中国才能获得更多增长点、更快增长速度。

3. 本土人才

万达国际化强调使用本土人才。万达2012年并购美国 AMC 公司时，因为它是电影终端渠道，美国政府对这种类型公司的并购有一定限制。我去找美国驻华大使骆家辉先生，请他为我们写一封推荐信，向美国政府推荐。他首先就问，万达买 AMC，是不是准备把大批中国电影卖到美国去？我说这不太可能，就算我想把中国电影卖到美国，也要看是不是有那么多人来看，电影不好，观众是用脚来投票的。然后他又问，万达是不是打算派中国人到美国去管理？我说这不会，并购后公司管理层全走了，其实意味着并购失败。骆先生挺高兴，给我们写了推荐信，再加上其他因素，最终万达并购 AMC 获得了美国政府批准。

万达并购 AMC 后，只派了一个联络员。这就带来一个问题，我们并购的对象原来的股东都是大型跨国企业，别人搞不好，万达来了凭什么就能搞好呢？我们发现，并购企业最好的管理办法是留住原来的管理层，使之更好地工作。万达并购美国 AMC 已被哈佛大学商学院作为教学案例，做这个案例的教授到我们公司调研，说了两句话，非常经典。首先，一切都没变。还是 AMC 这家公司，名字没变，管理层没变，经营地点也没变；其次，一切都变了，公司发生了深刻改变。不愧是搞研究的教授，总结得不错。我说，中国企业过去那点管理学思想，基本都是从西方学来的，但我们在应用层面有自己的优势。管理最基本的是“制度设计”，其中最核心的是调动人的积极性，而不是把制度设计成对待管理层就像防贼。当然前提是因为万达并购后使 AMC 有了真正的主人。之前持有 AMC 的摩根士丹利、凯雷、黑石等在美国也都是赫赫有名的优秀企业，但是几家公司共同持股，股份都差不多，谁也做不了主，现在万达说了算。万达并购 AMC 时，全球金融危机影响还在，工作岗位不像现在这么稳定，我们就跟管理层签订5年工作合同，而且规定，对于超出经营目标的利润，管理层和万达一九分成，一下就把他们的积极性调动起来，使公司一年就发生了变化，第二年就成功上市。从中我也悟出一条，到世界上任何一个国家去并购和投资，都是要尽可能留住原来的管理团队，使用本土人才，想办法调动他们的积极性，不要想着走哪儿都派中国人过去。

三、国际化进展

万达已经成为中国企业、特别是民营企业国际化的代表，从2012年到现在3年多的时间，在全球十多个国家投资，投资额超过150亿美元，其中在美国一个国家就投了100亿美元，所以我在美国是很受欢迎的。万达2012年并购 AMC 时，我承诺10年之内至少在美国投资100亿美元，第二天一家美国媒体刊登了一篇文章，标题是《王先生，希望你遵守承诺》。我的话说完3年，2015年万达已在美投了100亿美元。我让我的助手去跟他们说，希望再登一篇文章——《王先生提前兑现承诺》。万达在英国投资12亿英镑，有2600多名员工。昨天在《万达哲学》英文版全球发布仪式上，我们和英国政府还洽谈了一个大的投资项目，希望能尽快落实。

万达国际化虽然时间不长，但步伐蛮猛，而且进展比较顺利，但是我已从辩证法角度来看待万达跨国发展：没有失败就意味着离失败越近，万达在今后的国际化进程中不排除摔跟头，但是我们有一个原则，只要不发生颠覆性风险，就要去做这件事。其实勇敢迈出这一步才觉得，国际化也没什么了不起。

四、国际化目标

一是海外收入大幅增长。万达在去年提出未来五年新的战略目标，即到2020年实现“2211”目标，就是到2020年，企业资产超过2000亿美元，企业市值超过2000亿美元，收入超过1000亿美元，净利润超过100亿美元，其中30% 以上收入来自海外。衡量一家企业是不是跨国企业，一项核心指标是海外收入有没有超过30%。有国际业务的企业，一种是在本国生产产品，然后卖到世界各地，这只能算产品国际化；一种是在一两个国家有投资，但是占全部业务比重小，管理方式、人才结构以及企业文化都没达到跨国企业水平。所以，真正的跨国企业不仅要求企业规模足够大，至少数百亿美元，而且企业收入至少30% 来自海外。今年万达海外收入将达到100亿美元左右，距离2020年目标还有不小的差距，还需要持续努力才能实现。

二是成为一流跨国企业。万达不仅要成为一流企业，而且加了一个限制词，要成为一流的跨国企业。万达如果实现“2211”目标，企业资产、收入、净利润排名，一定能排在世界前几十名。这个目标也在激励我们公司，也激励我个人持续努力。有人形容我是中国最成功的企业家，很多人问我为什么成功，我讲了很多原因，其实最核心的一点是勤奋，所谓天道酬勤，如果不勤奋，所有的条件都不可能变为现实。正因为万达有远大的企业愿景，所以现在还持续保持着快速增长，2015年实现收入、资产、利润同比2014年增长约20%。大家觉得增长速度很快，但对万达来讲，这是多年来增速第一次掉到30% 以下。在此之前，我们每一年都保持30% 以上的增长，随着全球经济的重大调整，中国经济的持续放缓，我们的发展速度也降了一点，但依然保持较快速度增长，这也是万达最终成为一流跨国企业的保证。

谢谢大家！

问答部分：

主持人：一个跨国企业需要很好的沟通，同时也需要各地管理人员的自治。万达既要保证系统内各公司沟通顺畅，又要确保他们有自主权利，是否在这方面遇到过问题？

王健林：现在我们公司有很多老员工，跟着公司一步步锻炼起来，现在随着企业国际化，业务转移，英语短板就显出来了，现在万达的旅游公司、体育公司、娱乐公司，这些公司的业务大部分都要跟外国人打交道。所以很多人很优秀，就是英语这一块是短板。

现在我们招人就是两条：第一条，中国人英语好的排在前面；第二条，外国人会说中国话的优先。在中国经常能碰到老外，但是一张嘴普通话比我们中国一些人说得还好。任何企业管理都找不到标准答案，都要靠自己去摸索，这就是我的回答。

主持人：许多向海外扩张的中国企业都是国企，但它们的国际化尚未成功。下面是来自金融时报 James Kynge 的提问：这些企业国际化是否出于非商业的动机？所以也部分地导致其投资出现问题？

王健林：我首先做一个说明，国际化私营企业可以做得很好，国有企业也有做得好的，但是总体上私营企业比国有企业做得好。原因是私营企业的老板可以做的时间长一点，国有企业的老板很难制定长远目标，在任时间也就两三年，长一点可能就换人了，这是一个问题。除了领导任职时间长短的问题，国有企业还有不适应国际化的制度设计、审批流程太长太慢等问题。

现在万达正在泰晤士河边建一个最高的建筑，里面有伦敦最高端的酒店。这个项目可以说是我们白赚了一个酒店，当时万达负责海外发展的老总正好到这边出差，碰上一个银行要拍卖这个不良资产，对方要求一个星期内交钱，要不就上市拍卖，公开拍卖的话价格肯定会贵很多。当时他给我打电话，我以为听错了，我说你再确认一下，他说每平方米900英镑，我说是不是听错了，我做房地产这么多年，我说每平方米9000英镑的话似乎还比较合理。后来他确认了以后跟我说确实是每平方米900英镑这个价格，我说你马上签协议，3天之内把定金付了，但如果是国有企业很难做这种决策。

主持人：上个月您刚收购了传奇影业。当您提到万达在地产业竞争力的时候，您提到执行力。您自己也是非常有执行力的。那么在文化产业，是否也将会非常强调执行力呢？

王健林：不仅是搞地产的企业需要执行力，所有企业都需要执行力。美国著名的企业管理大师、GE 前 CEO 杰克·韦尔奇，就曾经说过，“最伟大的是执行”。做企业管理来讲，可以有多种多样的策略、多种多样的战略，但他认为最伟大的是执行，我非常赞成这句话。所以我们从电影产业开始，到体育产业、娱乐产业，年初一定要有计划，而且计划要分得非常细，资金计划、现金流计划，一定要细化到每一周。我们有一个模块化系统，里面是计划工作模块，一项工作会细分成无数个节点，只要有一个节点没有完成，模块化系统就变成黄灯，如果连续出现两个黄灯，系统就变成红灯，就会有相应的处罚。有人说搞文化产业，应该是穿着拖鞋、穿着 T 恤衫，特别是说穿西装打领带不适合娱乐业。现在有一句话很流行，“我不相信伟大的思想会被西装束缚”，真正的伟大思想在脑袋上，跟领带有什么关系？

我是特别强调执行的一个人，所以万达现在创造了全世界唯一的商业案例——每年要开业几十个大型的商业中心，还有十几二十个酒店，还有其他若干个项目，包括我们自己开店，包括搞娱乐产业、搞旅游产业，都是说哪一天开业就是哪一天开业。看起来很简单，实际上是很难做到的。所以我对执行的理解是，它是所有企业、所有行业都应该强调的核心竞争力。如果有人认为搞娱乐产业、搞互联网产业就可以不强调执行力，那这个人管理学的基本知识不全面。

提问：万达向管理人员提供10% 利润的激励制度给我留下了深刻的印象。我在英国有5家酒店，但我负担不起用10% 的利润去激励管理人员。请问这种激励制度是如何在酒店行业运作的？

王健林：万达有多少酒店？在中国开业的五星级酒店接近100家，现在海外已经有7家。我们在中国管理的酒店分两部分，一部分是万达自营酒店，就是我们自己成立的酒店管理公司管理，还有三分之一是委托几大酒店管理集团来运营，大概接近20个，大家耳熟能详的全球酒店管理集团。

企业管理顺的时候、经济顺的时候还真看不出来，中国一出“八项规定”以后，差异就显现出来了，外部管理的酒店全部都不能完成经营目标，万达自己管理的酒店全部完成经营目标。最核心的是靠万达自己的模块化管理软件，我们会把每一天的收入、成本细化到集团总部每一周的报表中，我们要求各公司细化到每一天，每一天知道收入、支出、利润，到半年完不成目标的，再想完成就来不及了。我们管理酒店行业也是这个道理，就是要把所有的目标分解到每一天、每一周，这样去管理酒店。单靠奖励和刺激，利润没上来，你靠什么刺激？所以我觉得酒店管理跟所有的企业管理一样，酒店管理无非是稍微难一点，因为它算是一个最大的奢侈品牌，涉及领域多一点，有搞娱乐的、餐饮的、客房的，服务门类多一点，但是管理的道理是一样的，这是我管理酒店的心得。

提问：健林董事长您好，我来自一家英国企业集团，最近几年在海外并购方面，万达发展得非常迅猛。去年秋天，习近平主席访英之后，中英两国进入了“黄金年代”。万达有没有考虑和英国优秀的企业建立一种战略合作关系，进军除了中国和英国以外，世界上其他国家的新兴市场？谢谢。

王健林：你给我提出了一个新的课题，我要先把万达自己的国际化搞好。去年我跟英国贸易署开了一个会议，想介绍一批愿意到中国发展的企业，到中国市场去发展，因为万达有平台。万达是一个平台提供商，万达广场、万达度假区并不是我们自己经营的，我们只是管理，自己经营很少一部分，如果你们愿意到中国去发展，我愿意提供平台，不管是搞服装业、餐饮业、化妆品业都可以。

一个是我自己投资，第二个是我把英国的企业带到中国去。现在你提出第三个课题，希望我们跟英国企业合作开拓全世界市场，这是一个非常伟大的设想，我希望我能落实你提出的目标。

提问：努力和勤奋背后的原动力，是个人的理想、对财富的追求，还是出于社会的责任？谢谢。

王健林：分阶段讲，初期激励我不断奋斗的目标是过得好一点。原来我从政府机关下海，目标很简单，让自己活得更好一点。所以我刚去创业的时候，公司员工跟我说，干到1个亿咱就退休，当时想几万元就了不起了，干到1亿元就退休，没想到这个理想很快就实现了。我发现目标定低了，目标定为把公司发展得更大一点，成为一个知名企业，这个目标就有所修整。

我觉得对万达来讲最重要的一步是1993年走出大连，从一个地方企业向全国性企业转型，你要知道到全中国发展等于到两个欧洲去发展，中国的国土面积两倍于欧洲，人口两倍于欧洲。在万达发展的第二个阶段，我的目标是要万达成为一个知名企业。

最近几年激励我的目标就不一样了，那就是我有一个更宏伟的愿景，把万达做成全球知名品牌，做到一流企业，我不能讲具体数字，我们内部定了数字，2020年一定要实现全球前多少名，这个目标还没有实现，也许这个目标2020年、2019年、2018年实现了，我也可能退休潇洒去了，也可能说不定再给自己定一个目标。

几年前公司收入大概100多亿元的时候，我就跟大家说，这次是说真的，我做到1000亿规模一定退休。因为中国国家经济的快速发展，这个平台，你不用太勤奋，你跟着坐车，东北话讲坐车，就是跟着混，每年还有百分之八九的增长，努力一下会有百分之十几二十几的增长，我一想，我这个目标四五年、五六年就实现了。员工问我还退休吗？我说现在退休早了一点。现在我们定的目标是国际知名的企业，我们内部定的2020年达到世界第几名。我到时候退而不休，可能不天天这样干，可能有另外的事情做。

我自己是分阶段设定目标的，人生的目标是分阶段的，这是比较现实的。在人生过程当中不断调整修正自己的坐标体系，这是现实的，而且只有这样才能达到。我很多年前成立一个创业基金支持创业青年，3年前万达刚刚自己独立成立一个创业基金，每年5000万，我们做得比较好，连续几年创业成功率95% 以上，当然我们有一个办法，每一个创业者配两位指导老师等方法。有一个年轻创业者找到我，我说这样吧，本来我们有评审过程、有评审阶段，但看到你们这样三番五次找我，我就破例，不用评审了，我就写推荐信，直接给你几百万元创业。你知道这个人跟我说什么？几百万哪儿够？我说你要多少？他说起码几个亿，我说你懂不懂，几个亿不叫创业，那叫成功者了。

提问：我是留英学子。王总，您这么繁忙，平时有没有什么方式给自己预留出一些完全属于自己的时间？还是说工作本身就可以是一切，这样没关系？

王健林：工作不是一切，但工作是最重要、最主要的，我想给自己预留时间，做不到啊！为什么？我想休息，公司下边总有这些“老赖”打电话，现在不是具体做事务，就是会见人。今天说谁来了，不行啊，您得会见一下；明天说您得会见一下，我们就好工作了。老外来了，你见不见？也得给面子，所以我现在的主要任务就是会见、吃饭。

提问：关于企业并购方面的问题想咨询您，现在全球经济都不太好的情况下，企业的盈利比较低，作为并购标的会比较便宜，但前景并不是那么美好。作为上市公司来说，开展这样的并购，在一开始会拖累财报，万达怎么平衡估值和不太好的预期？

王健林：其实任何时候都是做生意的好时候，你说哪个时候更便宜？如果只看两三年，有这种可能性，发现这个是便宜的，那个是贵的。但如果你把并购看成是长期的，比如10年期，那就无所谓哪个便宜。现在估值低，你买了，将来估值一定高吗？也不一定。最重要的是刚才讲的，并购企业最重要的问题是选准并购对象，选对方向。并购完了，对你的企业是不是能起到进一步支撑的作用，把你的企业做大，或者利用关联企业的关联性相互依托，变得更强大，这是我们最重要的思考。

至于估值，买得便宜一点还是贵一点，这是投资家心态，不是企业家心态。

提问：很多人都很关心万达在英国的战略是什么，这里值得投资的是什么。如果英国退出欧盟，它的投资吸引力会降低吗？

王健林：我的判断是基于我们的推断，也可能我的判断不对。首先从历史上看，英国在欧洲从来没有独立。其次，现在经济全球化，英国很难独善其身。离开欧洲可以活得更好？现在很难说，不要说退出就更好，有可能退出更坏。第三点更重要，退出来容易，再想进去就难了。英国脱离欧盟，弊肯定是大于利的，当然这是我自己的判断，这不是政治家的判断。

至于万达对英国的定位，我把美国和英国看成世界上最重要的两个国家。为什么在美国投100亿美元？因为美国地大、人多。市场大所以投入大，这是最简单的道理。英国虽然人口没那么多，市场没那么大，但英国是世界上市场自由度最高的国度。美国也号称自由国家，但是对于企业的投资，商务部、投资委员会都要审批，还有一条，50年内可以随时取缔你的组织，其他国家的规定更多。英国是自由度最高的，而且英国的法治等各方面都非常自由，服务行业的细致程度也令人赞叹。万达非常愿意把英国作为整个欧洲的中心看待。

一旦这个项目落地，我们可能考虑把整个欧洲的总部放在英国。我们这里的酒店开业可能会增加3000个就业岗位。我们正在谈一个项目，整个项目能提供1万个就业岗位，包括娱乐业等综合项目。这可以看出我们对英国的重视。

另外，我的小孩也曾在英国（上学）。

提问：现在对于中国的担忧很多。您觉得目前中国面临的最大的风险是什么？需要什么样的改革举措来推进经济前行呢？

王健林：现在中国面临的最大的挑战是经济结构转型，因为中国的经济靠三个方面支撑，过去占比最大的是投资，第二是出口，第三才是消费。但是现在出口没有以前那么顺利，整个全球经济，包括欧洲到现在也不是太好，出口没那么好了。至于投资，现在能投的地方都投得差不多了，再找新的投资机会，得到很好回报的机会也不多了。

现在不管是主动还是被动，经济必须进行结构转型。在经济结构转型的过程中，发展会放缓，严重一点可能造成就业困难。所以对中国来讲，最大的挑战就是产业结构的转型，而且转型是必须要做的，不得不做的，即便不愿意做都必须做。在被动的情况下转型会困难很多，所以现在经济增长呈现持续放缓的趋势。

但是，在经济结构调整当中也有好的机会。中国老祖宗发明的汉语言是非常精准的，“危机”，出现危机，并不只是出现危险，有“危”也有“机”。这是辩证法，老子的辩证思想。这是一个很好的词。

我举个例子，比如工业制造业，出口有困难，但是服务业、娱乐业、旅游业取得巨大发展，去年中国出口旅游增长20%，在海外花了好多钱，上万亿，可能还不止这个数字。所以对于中国转型，只要找准了方向，针对内需，特别是在内需当中的娱乐产业、体育产业、旅游产业，机会是比较大的。

提问：过去30年，很多中国的创新来自基层官员，他们乐于创新。反腐行动让很多基层官员不敢创新了，但是我们不需要大胆创新来推动社会进步吗？

王健林：这两者没有关联。我觉得应该讲创新，不应该是创业，叫创新更好一点，其实不发展可能更有问题。现在中国经济出现增长放缓，或者说地方官员有一些不作为的现象，制度的根源在于制度设计上还有缺陷，调动积极性的部分和反腐败结合方面，还需要再进行进一步的深化。但是不能认为因为反腐败，官员就不作为了，他就不干活了，这个说法不对。现在，至少对我们搞企业的人来说，减少了很多麻烦，特别是对于私营企业，可能国有企业没有这个感觉，我们私营企业觉得很好，省去很多麻烦，“吃拿卡要”省多了。

提问：王总，您好！谢谢您今天在这边给我们的讲话，我觉得真是听您一席话，胜读十年书。我本来想问一些宏观的问题，在刚才的问答环节中得到了答案。我相信我问的问题能代表在场的各位。您刚才说万达在美国有18 000名员工，在英国有2600名员工，您在英国马上要开一个可以招1万名员工的项目，我们在场的人有什么能为万达效力的？作为英语很好的华人，我们很荣幸能为万达全球领先的中国企业，贡献我们绵薄的力量。

王健林：你是愿意到中国去服务，还是在英国服务？

提问：比较倾向于在英国。

王健林：我刚才讲的，我们正在探讨这个大项目能否在英国落地。其实这个项目我们两年多前就已经提出来了，由于种种原因，现在英国走在后面了。这个星期我有两天会到另外一个国家去，争取一个大项目落地，很遗憾英国没有成为这个大项目的落地首选国，本来英国可以，但是我们不是第一，我们可以成为更好的。这个项目哪怕成为第二、第三，如果一两年内能落地，起码能解决超过1万人的就业问题。你英语讲那么好，肯定优先录取你，别以为我忽悠你，我们有直播。在牛津大学提问过的谁谁谁，我一定录取你了。

主持人：非常感谢王总的答案，我会记住这句话的。

王健林：我再加一句话，凡是以后牛津毕业的就优先。

主持人：我代表在座的各位感谢王总！

提问：谢谢王总！我是商学院的，我想问一下，您知道在20世纪80年代、90年代中国起来了很多创业家，成为中国民营企业的英雄，但是到2012年以后，中国经济出现变化，我们的环境跟您当年不一样，请问您给我们想创业的人有什么指引和建议？

王健林：其实现在的创业环境比我们那时候好多了，我创业注册资金50万块钱，是跟人家借的，你们知道多高的利息吗？25%的年息，5年还本，还清。现在有不少的创业，我个人每年还支持着100个创业项目。支持青年创业的人是很多的，关键是你怎么找到资金，最重要的一点就是要做好一个能吸引资金的商业计划书，说白了就是你的计划要可行，说得不好听的话，你得会忽悠，你得说得对，让别人一听就觉得靠谱。有些青年创业说的数很大，我要做行业第一、要做世界第一，别人一听就不敢给你投资了。你脚踏实地做什么呢？其实不完全取决于做什么，传统产业照样有大量的机会，之所以叫传统产业，就是长寿、生命力强，才叫传统产业，创新企业增值高、赢利快，死得也快，这是一样的道理。

如果要让我给你指导几点，创业要找真正的哥们儿、兄弟，或者请专业的指导老师。我们那儿有创业的指导老师。我不知道你叫什么名字，如果你愿意申请，我们有专门的申请计划。今天所有提问的同学都有我的一本签名的书，你今天既然提问了，在创业上肯定会优先支持。

WANG JIANLIN & DALIAN WANDA

BY **ZHOU XUAN**

TRANSLATED BY **ZUZANA STRAKOVA**

CONTENTS

PREFACE

China has Wanda and Wanda has Wang Jianlin. Wang Jianlin joined the army in 1970. In 1986 he transferred to acivilian job and became the office director of the local People's Government in Xigang district, Dalian city. In 1989 he became the managing director of Dalian Wanda Group Co. Ltd. He has remained in that position to this day. The Hurun Report – a magazine which ranks China's wealthiest individuals – stated in October 2015 that Wang Jianlin's assets had reached the value of ¥220 billion, making him once more the richest man in China.

During the rapid development of China's economy overthe course of the past 30 years, there has been no shortage of tales of wealth of every kind. The protagonists have been just as manifold. Yet the tide ebbs and flows and it has been rare to see one linger at the top for long. How has Wang Jianlin managed to climb, slowly but steadily, all the way to the very top to be crowned China's richest man?

Wang Jianlin was born into a Red family. His father wasa Red Army veteran from the War of Resistance against Japan (1937–1945). That is why the army and soldiers have always had a special place in Wang Jianlin's heart. When he was 15 years old, he resolutely left home to enlist in thearmy in Jilin province. At that time, he was the youngest recruit in his regiment, yet he never asked for special treatment on account of his youth. His courageous, enduring spirit earned him new-found admiration from his comrades-in-arms.

Wang Jianlin developed a fearless, unyielding nature while in the army. It was also at this time that he started his quest for self-enrichment through knowledge. He used what spare time he had to expand his knowledge in a number of different fields. As time went by, Wang Jianlin did not rest content with his comfortable post in the army. Instead,as the wave of reform and opening-up swept through the country, he made a single-minded decision to take off his military uniform and make the transition to a civilian job. It was then that the tale of Wanda Group started in earnest.

For 30 years, Wang Jianlin has been forging the way for Wanda Group. He has guided it from the housing development sector, commercial real estate and the football industr through to the film, television, theatre and internet industries. The former private soldier Wang Jianlin has become a commercial magnate worth hundreds of billions. As for Wanda, it turned from a tiny debt-ridden company on the verge of bankruptcy into the world-renowned, successful multinational corporation that it is today.

As for Wanda's future development and direction, we can only wait and see. I believe that under Wang Jianlin's persevering leadership, guided by stability and innovation,Wanda's awesome flight will surely continue to command the world's attention.

CHAPTER 1

A HIGH-SPIRITED YOUTH

A RED FAMILY

Wang Jianlin's father, Wang Yiquan, was a Red Army soldier from a peasant family. He took part in the Long March (1934–1935) and the War of Resistance (1937–1945). However, there is little consensus about his status once he retired from the army. Rumours have it that he was the deputy head of the organizational department of the Sichuan Party committee, or that he took on the role of deputy chairman of the Tibet Autonomous Region. Wang Jianlin has neither confirmed nor rejected these rumours, and his resolute silence has, however unintentionally, contributed to their growth. The expansion and development of his Wanda Empire has always been accompanied by public speculation regarding his family.

In fact, Wang Yiquan was nowhere near as important as many people assumed. He had only ever worked at the forestry commission at the county level. He was the deputy director general for Dakin county (later renamed Jinchuan county) Forestry Commission.

Although, in reality, Wang Yiquan did not hold such a high position as was rumoured, he gave himself the title of 'little red soldier'. He was lucky enough to be part of the Northern Expedition in 1930 and to return back home with the glorious victory in 1949. Among the other 'little red soldiers', however, he did not hold an especially high position.

From 1958 onwards, Wang Yiquan enjoyed a good reputation in the Dakin county Forestry Commission. His prestige far outreached that of the director general or the secretary. He did not have the airs of an official and was well respected by his colleagues. Many also envied his ¥80 monthly salary. Starting from 1956, the whole country had undergone a wage reform. Natural conditions, price of commodities, quality of life and the wage situation were all factored in. At that time the country was divided into 11 regions with different salary scales. Going up each level was equal to a salary rise of ¥2. Dakin county belonged to the ninth level, so the wage base was high. Local graduates with a bachelor's degree could expect to earn ¥60. In the whole county, the people with the highest salaries were the county Party chairman, the political commissar on military matters, and after that came Wang Yiquan.

The Wang family always had enough food to eat, which was considered very lucky at that time. Wang Yiquan even had enough spare money and time to care for some poor children from the countryside. Li Hongyou and his friends, still students at the time, often enjoyed ice lollies and sweets bought by Wang Yiquan. Li Hongyou described Wang Yiquan as being a friendly, bubbly, great "old chap" who liked a laugh.

Jinchuanese people like to chat and spend their free time gossiping. Wang Yiquan liked to tell the children of the other staff about his experiences of fighting the Japanese. He would invite them over for tea, gathering a large audience on the way. He would then describe to them in every little detail how to assemble a gun or a bayonet. Almost everyone in Dakin county knew that Wang Jianlin's dad was a Red Army veteran who had fought the Japanese.

Wang Yiquan held a firm belief in communism. He liked to tell the students about the importance of love for the motherland and love of the Party. He also liked to instruct them on how best to build up the nation for the future. Li Hongyou and his friends considered Wang Yiquan's ideas outdated.

Wang Yiquan's approach also influenced the way he brought up his sons. He had always been very strict. He stressed over and over again the importance of striving hard, studying well, reading more when given the chance and becoming a Party cadre. In keeping with his history as a military cadre, he was always blunt and direct.

His father's prestige made the young Wang Jianlin feel proud. During that fervent era, Red Army veterans were worshipped and looked up to. Living in his father's shadow, Wang Jianlin also enjoyed a certain level of adoration from his peers.

On New Year's Day 1953, Wang Yiquan got married. The matchmaker was a district committee secretary. His wife-to-be was called Qin Jialan. She was 18 years younger than Wang Yiquan. Qin Jialan was very satisfied with her arranged marriage. She often used to say that Wang Yiquan had always made her feel as though she was the boss in their marriage. He never bullied her into anything.

In the 1950s the family moved to the county city of Dakin in the Aba prefecture. This was a good thing according to Qin Jialan: "People were dying of hunger everywhere, but we were lucky enough to have a rabbit each week." There were many barren mountains in the county that no one tended to. Qin Jialan used to cross the steel chain bridge into the mountains by herself to cultivate barren land and improve the family's livelihood. She did not shy away from growing vegetables and raising rabbits. Later on, when she recalled a large Russian beetroot with leaves growing on top, Qin Jialan, then in her eighties, seemed especially content. A beetroot weighing a kilo or a kilo and a half was enough to satisfy the needs of the whole family. "Peel the skin, cut the beetroot into thin slices and fry it. The children can feast on the dried beetroot slices; they love them. The leaves can then be given to the rabbits."

Wang Jianlin spent his childhood years with a remote, resource-rich highland plateau on his doorstep. Given his father's special treatment at work and his mother's industriousness, Wang Jianlin lived an unusually comfortable life. In his childhood years, he was not only the oldest son at home but also the 'gang leader' among his friends. Such status gave him the first chance to practise the management skills that he would develop later in life. He proved to be a charismatic leader, be it at the head of a gang of ten kids or as the manager of a company with over 100,000 employees.

No one knows whether Wang Jianlin as a child already strove to carve out a piece of the pie for himself, or whether the young man Wang Jianlin already harboured ambition in his heart. But at least one thing is certain – he was far removed from the commercialized world. He grew up in a calm and leisurely little town with his family, away from the hubbub of large cities.

While working at the forestry commission, his father, Wang Yiquan, was in charge of salary distribution. He controlled the payroll system and distributed office supplies. Qin Jialan took care of the day-to-day running of the household. In the evenings she went out to cultivate the barren land. Wang Jianlin was the eldest son in the family, and it was not long before he became his father's primary helping hand. The hard work he had to shoulder blurred the boundary between his childhood and youth years. Like so many others of his generation, Wang Jianlin had to take on the burden of responsibility for his family at a young age. As a result, he became more mature and had soon gained more experience than would be expected at his age.

Qin Jialan liked to say over and over again that Wang Jianlin was the eldest son in the family. He had four younger brothers who all did as he said. According to tradition, the eldest son took on the role of the father, which made his burden even heavier. Wang Yiquan's five sons had always been the main working force in the family. Wang Jianlin, being the eldest, always worked in the fields with the greatest vigour. Qin Jialan rested easy knowing that her eldest son was a good role model for his brothers. He also took on the task of checking his brothers' homework for them.

In her old age Qin Jialan could not recall clearly the details of past events, but she never forgot to emphasize that it was mainly thanks to Wang Jianlin that the family could live such a comfortable life. Wang Jianlin once jokingly asked his mother: "Who made you give birth to so many brothers for me?"

Before Wang Jianlin reached adolescence, he had firmly established his role as the eldest in the family. This longterm leadership status also made him the natural leader of his childhood playmates.

The youthful Wang Jianlin could think for himself. He was naughty and independent. When the boys got into a fight, he loved to take the lead.

The backyard of the forestry commission was spacious and well suited for the mock fighting and chasing games of boys who had too much energy. As with many other boys who grew up in poverty, the games that Wang Jianlin played were cheap ones like hide and seek, climbing trees or firing slingshots. Wang Jianlin took the lead to make everyone play with just as much enthusiasm, regardless of whether they were his peers or younger brothers.

And, like many other children of forestry commission employees, when Wang Jianlin was old enough to go to school he went to the Dongfanghong Primary School in Dakin county. Dongfanghong Primary School was one of the best schools in the Aba prefecture, known for rigorous discipline. Apart from the two main subjects – mathematics and Chinese – the students also studied the arts, music, physical education and other subjects. The extracurricular activities were plentiful as well, from drawing classes to camping in the wilderness and climbing mountains. In busy seasons the students lent a hand at cultivating the land and helped peasants harvest wheat, which took up most of their free time.

During his primary school years, Wang Jianlin was no different from other students, apart from the fact that he was the class representative. He liked to play basketball, even though later on in life he was to have a much closer and longer-lasting relationship with another sport – football. Occasionally he excelled at attacking during matches, but on the whole he was just a novice without any extraordinary talent.

After graduating from primary school he enrolled in the only local secondary school – Dakin Secondary School. Judged by the quality of teaching, it was the top secondary school in the area. Almost one fifth of the teachers were university or college graduates.

Wang Jianlin studied at Dakin for seven years. At that time the forestry commission just happened to be recruiting the children of its employees into the forest management bureau. At this point, Wang Jianlin left school to become a member of the logging team. The majority of the city kids were unwilling to stoop so low. Most of the enlisted workers came from the countryside, but Wang Jianlin was one of the toughest.

Wang Jianlin was assigned to the logging team based at Maerzu town. The day-to-day life of loggers was very regular. They got up at 7am. At 7.30am they attended a safety briefing. They started work at 8am and finished at 5pm. Their journey from home to their place of work included an hour's walk along a mountain path. During his days at Maerzu, Wang Jianlin lived in a brick house that belonged to the forestry station. Maerzu was tucked far away in a mountain valley, almost ten kilometres from Dakin. To get from the headquarters to Maerzu, one first had to walk four to five kilometres along the road to the mouth of the valley and then climb another three or four kilometres to the forestry station, which took about four hours. If Wang Jianlin was lucky, he could catch a ride from a passing car; if not, then he could only rely on his legs to get him there. He earned ¥30-40 each month for working at the forestry station.

Wang Jianlin's main job was to fell trees. As jobs in the logging industry go, this was considered to be a relatively easy one. Every day he had to cut down 100 small trees. Once he was finished he could return home.

Apart from felling trees, however, Wang Jianlin had another job to do – burning charcoal. He had to cut the trunk into small logs which he would then place inside a kiln. Once it was burned, he would take out the charcoal and seal the kiln. After a day of charcoal burning, he was black from head to toe. He then went from house to house handing out the charcoal to the staff.

At the age of 15 or 16, Wang Jianlin was very different in the eyes of his colleagues from other children his age. Every day, he had to walk up a mountain for one hour to get to work. This lasted for almost a year. No one knows what was going through Wang Jianlin's head when he was working at the forestry station.

In 1969, as Wang Jianlin was moving from school to adult society, the Zhenbao Island conflict broke out. This emergency military situation forced China to increase its military forces. At this point Wang Jianlin, who had been working at the forestry station for just over a year, decided to join the army. It was at this point that he embarked on a new stage in his life.

NEW RECRUIT

According to Wanda Corporation official documents, Wang Jianlin joined the army in 1969. He officially enlisted in the army and joined the Shengyang garrison in December 1969, but according to military records he could only count as a soldier from 1970 on. Wang Jianlin harboured a fervent passion to serve his country. His enthusiasm was admirable, yet he trod an uneasy path in the military. The Aba prefecture is an ethnic minority region. Youths with permanent residence in the city that relied on commodity grain were not allowed to join the army. In order for Wang Jianlin to be accepted, Qin Jialan first had to send him to her home in Cangxi where he could gain first-hand experience of living in the countryside and only then could he join up.

When Wang Jianlin first mentioned his intention of joining the army, he had Qin Jialan's full support. She thought that the young generation should inherit and carry on glorious old traditions. It made sense for her eldest son to be a soldier. There were nine other children of employees who joined the forestry industry bureau along with Wang Jianlin. Among the nine, Wang Jianlin did not perform any better than anyone else. It is almost impossible to link his old acquaintances' impressions of him with the billionaire who now sits atop the Chinese commercial world. Some of his old acquaintances even say that if he had not joined the army he would have spent his entire life in Dakin county. At most, he might have become a middle-ranking official. He would most likely not have achieved even as much as his father had.

After Wang Jianlin left Dakin, he stayed in the countryside in his home town of Cangxi. Not long after, he joined the army and was posted to Jilin province. He once revealed in an interview that when he was leaving his home town, his mother told him: "Do your best to be a good soldier. Strive to do better than your father." Wang Jianlin took his mother's repeated exhortation to heart. In the same year that he joined the army, he lived up to his mother's expectations and had already become the 'good soldier' that she had urged him to be.

While in the army, Wang Jianlin kept up his habit of writing letters to Qin Jialan. At first he wrote two letters a month. Gradually the frequency of his letters declined, but he kept the habit up all the time until he went to Dalian. Altogether, Qin Jialan stored over 300 letters in a chest where she collected her son's impressions from his time in the army.

A comrade-in-arms later posted on Weibo, the popular Chinese microblogging site, his recollections of Wang Jianlin's conduct during his first time in an unfamiliar **environment:** "At the start of spring 1971, a group of new recruits arrived at the army camp that was nestled in the middle of the mountains on the bank of the Yalu River in Jian county, Jilin province. This was the first time I saw Wang Jianlin. They were members of a special reconnaissance squad. Among the new recruits were boys from Sichuan province and from Fushun county in Liaoning province. The squadron head started picking soldiers from the new recruits to join the reconnaissance squad. He first chose two soldiers from Fushun and then he walked over to a thin soldier of small stature and asked him whether or not he wanted to be a scout. The soldier agreed." That soldier was Wang Jianlin.

The youthful Wang Jianlin was nowhere near as tall and well-built as he is today. The army uniform was too big for him, the leather hat was too large and the boots did not fit properly. Couple that with his slight stature and he looked very comical indeed. But despite his less than glamorous outer appearance, Wang Jianlin knew that opportunities were hard to come by and had no intention of missing out. During his career as a scout in the reconnaissance squad for the Shenyang military region, he learned to take advantage of every opportunity and he trained himself to face up to every challenge.

As a regular scout, besides the usual outdoor military training, Wang Jianlin was also trained to overcome obstacles, break into an enemy camp, steal classified documents and draw encoded sketches. These were the basic skills required of a scout. Apart from these tasks, if there was a need, the scouts had to sneak into a cemetery in the dead of night and check one gravestone after another, just to see whether or not there was a slip of paper hidden there before the owner's death. All of this was meant to train their nerves and courage.

Although Wang Jianlin was a new recruit, he nonetheless prepared himself to be able to handle all sorts of unthinkable training exercises. In an interview with the media later on in life, he said that before he joined the army he specifically got a book on thanatology – the scientific and sociological study of death – to help prepare himself for all the possible eventualities that he might have to face in the future. This habit of his allowed him to thrive and grow as a person in the army. He continued to make one breakthrough after another. Decades later, when people from around the world came to scrutinize this boy who had joined the army at just 15 or 16 years old, they saw that he had learned to welcome change and uncertainty with open arms and that he was well adapted to swiftly make the right decision.

Wang Jianlin took to heart the importance the army placed on being organized. He endlessly strove to learn from it. Later on, when he was building his tremendous business empire, the guiding principles that were still imprinted on his brain came in very useful.

During his time in the army, the high-spirited and youthful Wang Jianlin had undergone a change from a muddleheaded boy to a military scout. To some extent this was the turning point in his life. Although he was never aware of it himself, it is a fact that cannot be denied. In his subsequent career in the commercial world he polished the skills he had learned in the army and reused them on the market – this was how he ensured his continual success in every field.

PLANNING, NOT MEDIOCRITY, IS THE KEY

At the time that Wang Jianlin joined the army, planned economy was still practised in China. It was considered good luck for an ordinary person to be able to join the army and in that way ensure they would have enough to eat. What more could one want? Although, in comparison with ordinary civilians, soldiers led relatively well-off lives, life in the army provided little in the way of leisure activities. Getting together for a chat or singing war songs were the only forms of group entertainment. Apart from these, there was hardly any other way for soldiers to pass their free time. On the other hand, thanks to the monotony of army life, Wang Jianlin and his comrades-in-arms had the opportunity to expand their knowledge and learn new skills. They did not waste their time on entertainment.

Wang Jianlin laid out a plan for his life: to study. Today we have countless devices to help us study, but Wang Jianlin's studying at the time consisted simply of reading books. Later on, Wang Jianlin, together with some of his comrades-in-arms, decided to enrol in a long-distance correspondence course at Liaoning University. The university was not far away, but soldiers were not allowed to attend; they were not even given the opportunity to sit in on a single lecture.

And so, in those days, apart from the daily compulsory training and other jobs, Wang Jianlin and his comrades-in-arms spent most of their free time studying. They made use of every spare minute and second they had to satisfy their thirst for knowledge.

Faced with unfavourable, or even harsh circumstances, Wang Jianlin fully devoted himself to studying. In this way he was able to push away the loneliness associated with monotonous army life. Indeed, studying made him feel that he was living a rich life. He was not alone in feeling this way, as many other soldiers were of the same mind.

For the most part, Wang Jianlin and his friends were typical hot-blooded youths bursting with energy. The reason they chose to join the army was that they harboured youthful passions. They wanted to make the army their career. That is also what gave them the motivation to study. They all shared a thirst for knowledge. In order to increase the efficacy of their studies, they spontaneously formed a study group. Whenever they came across a difficult question, they all gathered together to talk it through.

In 1974, Wang Jianlin completed all of the self-study courses at Liaoning University and received a diploma. It was in that year that he joined the Chinese Communist Party. He was naturally excited and delighted by these achievements, but he did not become complacent as he knew that his achievements only proved that he had made the first step towards reaching his dream and realizing his selfvalue. They showed that hard work gets repaid with reward.

The period of self-study during his military career instilled the habit of studying from which Wang Jianlin has benefited throughout his life. It seemed that there was always a voice deep in his heart that called out a steady stream of encouragement to him. This voice revealed to him his shortcomings and constantly urged him to improve.

From the day that Wang Jianlin obtained his diploma from the long-distance correspondence course at Liaoning University, he showed no sign of being overly proud that his efforts had been rewarded. On the contrary, he strove to realize his dreams with even more urgency than before. During his four years of being tempered by the army, he had progressed from being a new recruit to a regular soldier.

Wang Jianlin's relentless hard work earned him constant approval from his superiors. Not long after, he got reassigned to assume the post of propaganda officer. He had no experience in this area, having joined the military straight after graduating from secondary school. His new position was in no way similar to his role in local government. Although he lacked experience, he did not back away from the challenge; instead, he threw himself into the work with the utmost zeal.

Whenever he came across an aspect of his work that he did not understand, he asked his comrades to teach him. Before long he got used to his new post in the propaganda department. Wang Jianlin approached every task with an attitude of perseverance. Because of this, he was often regarded as one of the best propaganda officers. On several occasions he received public praise from his superiors. Each year he received several letters of commendation from the military bureau. He was even awarded a certificate for an outstanding contribution to the work of the propaganda department.

People say that to succeed once may be a coincidence, but Wang Jianlin went from one success to the next. Surely this must have been down to his outstanding skill. For Wang Jianlin, this extraordinary skill could only be obtained through constant study. He has always believed, even after building his Wanda empire, that if a person did not study then he was doomed to a life of mediocrity.

In 1978, Dalian Military Academy in Liaoning province started enrolling new students. At the time the academy only accepted outstanding officers and soldiers from the Shenyang region. In that year Wang Jianlin was recommended by his platoon leader to join the eighth subunit of squadron 2 in group 2, infantry unit 1 in the military academy. Wang Jianlin made a deep impression on both his comrades-in-arms and his teachers. The key words people used to describe him were 'hard-working', 'kind' and 'independent-thinking'.

In August 1980, two years after his enrolment, Wang Jianlin graduated from Dalian Military Academy with outstanding grades. He accepted the honour of staying on at the academy, assuming the post of staff officer. At that time a man with the talent of Wang Jianlin was hard to come by. There were several thousand officers undergoing training at the academy, but only two or three stayed on. He was one of those that stayed behind, which speaks for itself.

During his time as staff officer, Wang Jianlin made use of his literary talents – writing essays and composing poems. At times, when everyone gathered together for a chat in their free time, Wang Jianlin came prepared with a notebook and a pen. A few days after he would have a newspaper printed out ready, complete with news, articles and reviews. *Dalian Daily, People's Daily* and *Liberation Daily* became his inseparable companions. The Shenyang military region had a newspaper of its own at the time – *Forward Daily*. It almost served as a special column for Wang Jianlin.

Wang Jianlin's artistic talents were not limited to writing essays and composing poems. He also excelled at playing the erhu – a kind of Chinese fiddle. He was very fond of contemporary writers such as the poet Hai Zi, poet and novelist Gu Cheng, and the novelist and essayist Yi Shu; but he preferred to write realistically. Most of his works pertain to military life and army training. There is even a good number of war cries in his poems. Time and again, Wang Jianlin used his unconventional yet highly structured method of studying to reap the fruits of success.

DREAMING OF BECOMING A GENERAL

As time went by, Wang Jianlin's talents gradually unfolded in the army camp. Impressed by his literary gifts, his superiors applied for permission from the top level and transferred him to the Academy's propaganda department so as not to waste his talents. Wang Jianlin's main task at the time was to take charge of relations with external universities and help the soldiers that were enrolled at the military academy to pursue further study.

It was through relentless studying that Wang Jianlin not only turned from a new recruit in the eyes of his comrades to a regular soldier, but also became an official who earned the appreciation of his superiors. As his ability continued to grow, he was promoted to battalion secretary.

In 1982 Wang Jianlin was 28 years old. At this point he took the first steps on his journey to the top. The future held even greater potential for development. He did not become complacent with his achievements, though, and never paused from chasing after his dream. As the needs of the army required, his superiors arranged for Wang Jianlin to assume the role of chief of staff. The way that Wang Jianlin saw it, no matter what he was asked to do, as long as it was required in his job, he would think of a way of successfully completing his task. For two years he buried himself in his work.

During these two years he fumbled his way through his work and did his best to learn the required knowledge. Gradually he increased his understanding of administrative and financial management. In this way he built a firm base for managing over 100,000 Wanda employees in the future. Wang Jianlin's frequent job transfers resulted in his unconsciously expanding his knowledge in a wide variety of fields.

In 1983, Wang Jianlin started attending a Party and government specialized training course at Liaoning University. Three years later he graduated with outstanding grades and obtained a degree in economic management. At that time, specialized training courses were similar to university courses today. They, too, were divided into subjects. The majority of soldiers chose subjects that were closely related to military management, so that they could readily put their knowledge into practice. Subjects like economics, industry and commerce, or literature were the least popular and hardly anyone applied for them.

In 1986, Wang Jianlin became deputy director of the management office at the military academy. He now ranked with deputy regimental commanders. It was indeed rare to see someone assume this post at such a young age. As the deputy director of the management office, he was responsible for the logistics of the entire academy. His work also included attending to relations with individual members of the public and with the government. The management post allowed him to interact more with the outside world. It was during this time that he honed his communication skills. He also came into contact with more senior people and dealt with ever more complicated problems.

Although Wang Jianlin was now in a position of power, he was modest and unassuming. He never offended anyone and always left a good impression on anyone he met. Whenever a member of the public wished to contact the academy, he would do his utmost to make it possible. Perhaps it was at this time that he first harboured the thought of leaving the army.

As his skills multiplied, the dream of becoming a general that he held in his heart was ever more tangible. But, just as he started planning how to realize his dream and expand his opportunities to study and grow, he was unexpectedly faced with a decision that put him to the test. It all happened very quickly and Wang Jianlin had no time to prepare himself.

In 1985, the Central Military Committee, under the watchful eye of the whole world, made the decision to reduce the personnel of the People's Liberation Army by 1 million. Wang Jianlin was faced with a life-changing decision. What options were open to a soldier in such a large-scale disarmament? Transfer to a civilian job was a distinct possibility.

As soon as the disarmament order was given, turmoil broke out in Wang Jianlin's unit. Disarmament was different from ordinary retirement or transfer to civilian work, as the soldiers that were to retire or transfer were notified in advance and therefore had time to prepare themselves. This disarmament order, however, came all of a sudden. Furthermore, the order was to be carried out according to each region's individual circumstances, which meant that anyone could be selected for disarmament.

All of a sudden, the soldiers' mood plummeted, as in the near future, any one of them could be asked to lay aside their uniform. Wang Jianlin was no different. He had joined the army with a dream. Through unyielding effort, he had gradually made his dream more and more real, but just as he was bracing himself to take the final step to the peak, it was as if he had suddenly lost his footing and plummeted back down to earth.

Wang Jianlin asked himself: If I really were to shed my military uniform, what else could I do? Such a dilemma had no easy solution for a boy who had joined the army at just 15 or 16 years of age. But he soon came up with an answer-hadn't his father himself also transferred to a civilian job? And wasn't he just as good in his new post?

Wang Jianlin thought long and hard about the disarmament problem. Unlike most people, he dug deeper to find an answer. He wanted to understand the real reason behind the disarmament order. He knew that the government first and foremost strove to develop the country's economy, but lacked the strength to do so. From the government's point of view, the military department naturally was the heaviest burden on the country's expenses. The army was a guarantee of national stability, but in peacetime the nation needed to aim for quality rather than quantity. At the moment, the country spent the majority of its expenses on the military, which naturally meant that it lacked the resources to stimulate the development of the regional economy. Moreover, if the nation was unable to become prosperous and strong, then all of the nation's citizens had no way of realizing their own small ambitions.

Once Wang Jianlin had thoroughly thought everything through, he resolutely came up with a surprising decision: answering the call for disarmament, he applied to be transferred to a civilian job.

It takes quite some courage for an experienced soldier to make the decision to part with the army. Wang Jianlin, however, showed no hesitation. At that time, it was not uncommon for leaders in Wang Jianlin's position to take up a similar job in the private sector. Wang Jianlin pondered his choices, yet he did not change his mind. The reason he was prepared to risk transferring to a civilian job was that he knew that the order had been issued with a bigger picture in mind. Furthermore, he trusted that even if he was transferred to a local job, he could still do well.

With these thoughts in mind, Wang Jianlin decisively shed the army uniform that he had worn for 17 years. Although the iron barracks did not possess the lure to keep the talented Wang Jianlin, he had got a lot out of his 17-year military career. The army toned his body, tempered his will, strengthened his character and established a sense of integrity. He learned not to fear any difficulties and found the courage to dive into studying, which greatly broadened his knowledge. He gained the skills to deal with problems head on. All the skills that he learned in the army were precious to him. It could even be said that these skills proved to be a powerful guarantee for his later achievements with Wanda.

Wang Jianlin's life after he left the army was not easy, but the soldier's blood that flowed in his veins always motivated him to carry on until he built up, step by step, his own Wanda Empire.

CHAPTER 2

A REAL ESTATE EMPIRE

FIRST STEPS

After Wang Jianlin left the army, he was not immediately swept away by waves of entrepreneurship. He carefully reviewed his options and considered the governmental connections he had amassed during his time in the army. But in the end, he decided to enter the political field.

Wang Jianlin's achievements during his army career were considerable and he was seen as an outstanding soldier. Surely, then, there was a place for him in the civil service. He became head of the Xigang district government in Dalian city.

Dalian is a pleasant coastal city and the office environment was also very agreeable. On his first day at work, Wang Jianlin hadn't even had enough time to familiarize himself with the workings of the office or to meet with important officials before lunchtime arrived. He noticed that many of his colleagues ate out. He thought this a bit strange and enquired from one of his colleagues why people did not eat in a canteen. He was told that the government did not provide a canteen.

Enquiring further, he gathered that it was not that the government did not wish to build a canteen – building one was easy, but the difficulty was supplying gas. The relevant departments in the district government had not completed the required procedures for using gas. When it came to central heating, the district government was equivalent to an unregistered household without a residence permit.

This did not strike Wang Jianlin as an especially difficult task. All that needed to be done was to comply with the regulations of the liquefaction plant. Once the necessary procedures were completed, there was no reason why the problem could not be solved. He went to a lot trouble to contact the head engineer who was in charge of gas fittings and enquire about the problem. To his surprise, as soon the engineer heard 'Xigang district government' he involuntarily started shaking his head and refused to listen to Wang Jianlin. Having suffered rejection on multiple occasions, Wang Jianlin could not help wondering why the head engineer behaved in this way.

There was no further development regarding this matter for some time, yet Wang Jianlin did not give up hope. Whenever he had time he would head over to the engineer's work unit. Even if he was turned away, Wang Jianlin refused to get angry. He was determined to resolve the gas problem no matter what. After several failed attempts, Wang Jianlin managed to find out the engineer's home address from the clerks in his work unit. He then proceeded to call on him at home. As soon as the engineer saw Wang Jianlin, he slammed the door shut with a loud thump. Wang Jianlin was not angry. He persevered in his efforts and in the end the engineer was moved by his sincerity. The next time Wang Jianlin came to call on him, he finally revealed the root of the problem.

When the district government offices were built, the relevant officer had contacted this engineer about gas fitting. It so happened that the engineer was busy with other matters, or perhaps he came across as slightly cold. Unexpectedly, the district government officer flew into a rage and turned nasty. From that moment on, this engineer held a grudge. Later on, the two sides met several times to discuss this matter face-to-face, but whenever they were reminded of the ill feelings from their first meeting, the discussion came to a dead end. From then on, the mutual rage simmered.

The engineer shared his grievance with Wang Jianlin, and the long overdue completion of the gas fitting procedure was quickly resolved under Wang Jianlin's guidance. Wang Jianlin did not stop at that. He returned to his former trade and took on a post that he had once assumed in the army: he put himself in charge of procurement for the district government canteen. He drew on the financial and management knowledge he had gained during his time in the army. First, he introduced cost limits on procurement. Once the costs were under control, he dedicated the savings to improving the quality of food for his colleagues. This won him universal approval. It was also the first opportunity since he had left the army to demonstrate his skills at economic management.

By 1988, Wang Jianlin had been deputy head of the Xigang district government for two years. He had familiarized himself with the government's working procedures and he had established good interpersonal relationships within the organization.

At this time, a residential property development company that was a subsidiary of the Xigang district government was causing much concern among the government's officials. For historical reasons, coupled with the fact that at that time there was no widespread understanding of how to do business, the district government had failed to achieve any remarkable successes in developing the company. This was despite the fact that they had replaced the general manager on multiple occasions in an effort to stimulate development. Instead, the constant changes of management had seemingly turned this company into a small boat tossed about by the wind and rain. With several million yuan of debt, it had become a hot potato for the district government.

In the late 1980s and early 1990s, several million yuan was considered an astronomical figure. One can only imagine what kind of state a district-level company must have been in to incur such a debt. It could be said that the company was on the verge of bankruptcy. But, since the company had been established by the district government, it would have been a public scandal if it really had been allowed to go bankrupt. After weighing up their options multiple times, the district government was at a loss and could only open the position to outside talent. Wang Jianlin, just as the army announced the '1 million disarmament order', volunteered to be made general manager of the residential property development company.

Not only could many of his friends and colleagues not comprehend his behaviour, but even the head of the Xigang district government was astonished and regarded his wish with both hope and fear.

What made the government hopeful was that Wang Jianlin's work record had been excellent from the moment he joined the organization. Wang Jianlin could also act as the government's unofficial troubleshooter. If he was offering to clear up the mess that the residential housing company was in, it might turn out to be a similar success story to the building of the canteen. Wang Jianlin was bold, yet at the same time well acquainted with government intricacies.

What they were fearful of was that if Wang Jianlin accepted this hot-potato case and failed – like countless others before him who had arrived full of excitement only to return with ashen hair and muddy faces – it was bound to have a negative impact on his future career. Also, if he left, the internal department would lose a valuable worker. What, in the end, was the right thing to do?

You can't have your cake and eat it, too. The district government leaders weighed up their options time and time again and also consulted Wang Jianlin on several occasions. In the end, they agreed that Wang Jianlin was to be general manager of the residential housing development company.

To make a real change, one must start by changing the way people think. If Wang Jianlin wanted to change the company, he first had to change his way of thinking as well as his way of doing things. He set about making drastic changes in the company. He conscientiously studied the management rules. Whenever he came across a clause that was illogical or hindered the development of the business, he immediately altered it or deleted it altogether. The firmness and speed with which he carried out these reforms came from the iron will of a soldier, embedded in his bones. Inspired by his own innovative thinking, Wang Jianlin actively encouraged workers to take the initiative and think outside the box. He succeeded in pulling the Xigang district residential housing development company from stagnation to revitalization.

During the same year, Wang Jianlin also took on another residential housing development project in Nanshan. His reform plan played an important role in this project.

Up until then, Xigang residential housing projects had a reputation for construction delays and poor quality, resulting from lack of motivation and lethargy on the part of the employees. Consequently, many people were dissatisfied with the company's performance.

But Wang Jianlin was a newcomer to the real estate industry. Although the Nanshan project brought in considerable revenue under his leadership and was a major win for the company, it was still insignificant compared to the size of the company's debt. It did not take long for Wang Jianlin to make yet another surprising move. He accepted a developmental project that many of his predecessors had either looked down on or were too afraid to tackle – the development of the old city of Dalian.

Many of his colleagues in the real estate industry mocked him for this decision. They said that after his taste of success with the Nanshan project, he was too sure that luck was on his side, and knew no boundaries. The Xigang district government leaders held their breath at his decision. They were not confident that Wang Jianlin could surprise them once again.

Wang Jianlin had once more arrived at a crumbling mess of a situation and was determined to put it right. With public opinion resolutely against his decision, he was unwilling to let go of this business opportunity and in the end decided to stand his ground and fight. As for any question regarding profit, he had the following answer: first build the houses, then sell each square metre for a couple of hundred yuan more than usual. In this way, all problems would naturally be resolved. And so he led the workers of the Xigang residential housing development company to rise to the challenge. He encouraged his employees, saying: "If we can sell the houses at ¥1,500 per square metre, we can earn profit." Faced with this estimate, many of the workers expressed doubt. Wang Jianlin was, however, very optimistic. He believed that by being proactive and thinking of a solution, he would come up with a way of making the price shoot up and everything would work out.

Propelled by a sense of urgency, Wang Jianlin repeatedly consulted his team. They studied information relevant to the real estate industry and in the end decided to put into practice the following four innovations:

First, promote high-rise housing. In those days, there was no concept of high-rise housing in Dalian city. The Xigang district residential housing development company was hoping to make this into a point of attraction for consumers by building 30-floor high-rise tower blocks. Later on, these high-rise tower blocks would be called 'Wanda high-rises' (The Xigang district residential housing development company was later renamed Dalian Wanda Group Co. Ltd).

Next, innovate in design. The company not only promoted large units of over 130 square metres; it also led the way in constructing living rooms with outside-facing windows of aluminium alloy. At that time almost none of the real estate companies were promoting overly large apartments. Neither was there a distinction between outsidefacing windows and interior ones.

Thirdly, build a bathroom roughly 5 square metres in area in each apartment. In those days, not every residence was equipped with a separate bathroom. The majority of people had to hold their noses and put up with the smell of public toilets. It was only people of high standing, such as county officials, who could live in residences with private bathrooms. In this respect, Wang Jianlin was a pioneer.

Lastly, install anti-theft doors. This was at a time when the Panpan Group was introducing security doors which sold for just ¥80-90 per piece. Wang Jianlin considered these doors to be sturdier than the traditional wooden doors and yet the production cost was no higher. That is why he decided to fit each apartment with a set of these doors. Once fitted, the whole apartment had an entirely different look. This too was a major innovation in those days.

Apart from the above-mentioned selling points, Wang Jianlin also chose a unique approach to marketing. At first he wanted to rely on newspaper advertising, but he was soon met with a challenge: there were only two official newspapers for the whole city and the space for advertising was extremely limited.

After some consideration, Wang Jianlin chose a different approach: why not discuss the possibility of working together with the television station? Hong Kong and Taiwan TV dramas were just starting to take off at that time, so Wang Jianlin thought that if he could cut in with adverts at the start and in the middle of each episode, he was bound to get good exposure. And so it was. He contacted the TV station and secured advertising slots, so when the series was broadcast, many city dwellers saw Wang Jianlin's housing estate adverts.

The housing conditions in Dalian city in the 1980s were relatively poor. Wang Jianlin thought long and hard and in the end managed to greatly improve the standard of living conditions just by altering a few simple things. This was a welcome change for the citizens of Dalian, and the financial rewards were sizeable. Even more importantly, apart from the considerable revenue, this project also established good relations between Wang Jianlin and the government.

RESTRUCTURING AND THE BIRTH OF WANDA

Wang Jianlin knew that behind the awesome success of his

residential housing construction scheme was the toil and sweat of his employees. Although the company as a whole earned a huge profit, the hard-working employees had no way of sharing this prize, as in those times Wang Jianlin had no control over rewarding his employees. However, in order to let all employees enjoy the company's achievements, he decided to organize a company outing during the May Day holiday.

The next day, however, the atmosphere was soured: accusations were made to the Dalian City Disciplinary Commission, reporting Wang Jianlin for abusing public funds and indulging in extravagant eating and drinking. He who has a mind to beat his dog will easily find his stick! This accusation could have put Wang Jianlin in serious trouble, as abuse of public funds was considered a very grave offence. The central government was at that very time investigating embezzlement and corruption. Although what Wang Jianlin did could not be considered embezzlement, it could, however, be construed as displaying certain characteristics of corruption. On this basis the Dalian City Disciplinary Commission was inclined to give Wang Jianlin a strict punishment in the form of a disciplinary warning, or by circulating a notice of criticism.

After a period of mediation with the staff of the Xigang District Municipal Party Committee, the Dalian Disciplinary Commission made some concessions. One member of the Commission said: "Since Wang Jianlin's behaviour is understandable, we decided not to subject him to an official warning or circulation of criticism, but he must inevitably be criticized as a form of warning, in order to prevent a similar offence happening in the future. Furthermore, the ¥200 per person cost of the company outing that was taken from public funds shall be compensated in full by the employees of the Xigang District Residential Housing Development Company."

The matter was thus laid to rest, but Wang Jianlin himself could not rest. He thought that since his employees made great contributions to the company, they should be rewarded accordingly. If there was no system of rewards, where would employees get their motivation? He also pondered about other problems the company was facing. The longer he pondered, the more helpless he felt. He had a feverish desire to bring about change. This was the moment when the root of Wanda's restless future took hold.

Xigang District Residential Housing Development Company was connected to the Xigang district government and therefore counted as a state-owned enterprise. In those times the organizational structure inherent in state-owned enterprises acted in many ways like shackles to the development of the enterprise. Once Wang Jianlin had assumed the post of general manager of the Xigang District Residential Housing Development Company, he frequently came across a number of practical difficulties.

The first problem was that Wang Jianlin had no control over the employment and dismissal of his employees, nor did he have authority to appoint and remove cadres.

The second problem was that he had no decisionmaking powers over the distribution of monetary reward according to the employees' contribution to the company.

Serving as the head of the company and yet not being able to distribute wages based on the allocation of work was an embarrassment. Wang Jianlin could no longer put up with being used as a figurehead, a mere puppet. After detailed analysis, he saw that the company's organizational structure was at the heart of the problem. If he wished to change the company from the bottom up, he had to start by changing its structure.

Just as Wang Jianlin was mulling over how to change the Xigang District Residential Housing Development Company's structure, exciting news spread through the city: the State Commission for

Restructuring the Economic System and the Dalian City Commission for Restructuring the Economic System decided that three enterprises in Dalian would be appointed as the first pilot joint-stock companies in north-east China. This was in 1992.

When Wang Jianlin heard the news, he was beside himself with joy. He spotted his opportunity and took the initiative to apply for consideration. The State Commission for Restructuring the Economic System and the Dalian City Commission for Restructuring the Economic System took note of Wang Jianlin's enthusiasm. Many state-owned enterprises had no desire to change. On top of everything, Wang Jianlin's company had a strong record of good performance, which is why he was given one of the three places. And so Wang Jianlin won an opportunity to carry out a thorough structural reform within the company. This was one of the decisive winning moments of his career. Xigang District Residential Housing Development Company was thereafter renamed Dalian Wanda Group Co. Ltd.

Once state-owned shares had been replaced by private financing, Wang Jianlin had full control of the company and became its rightful owner. This was a historic change. Looking at it from today's point of view, we cannot emphasize Wang Jianlin's structural reform enough. From then on, Wanda was rid of governmental constraints and could venture into the wide ocean of commerce at Wang Jianlin's will, bound only by the forces of the market.

The change of name had significantly more far-reaching consequences than might appear at first sight. After all, the entire structural organization changed along with the system of power distribution. The renamed Dalian Wanda Group Co. Ltd. would never again be subject to official constraints. It was about to grow wings and fly to freedom. As for Wang Jianlin, he now embarked on a path of Wanda development that belonged to him.

Once the process of restructuring was successfully completed,

Wanda became a platform for Wang Jianlin to live out his dreams. Inexperienced in the commercial field yet brimming with ambition, Wang Jianlin followed the then popular trend and tried to diversify his activities. He invested in pharmaceutical companies, the elevator industry, and even in transformer substation equipment. However, due to a lack of partners or a sufficient level of specialization, all of these industries and investments ended in failure.

The temporary loss of profit caused by diversification made him see the value of focusing on a single industry. That is why he rejected the suggestion to buy and invest in coal mines in Inner Mongolia. He solidly focused on the familiar real estate field. Thanks to his plentiful connections in Dalian city and his ever-increasing experience and capital, Wanda Group was thriving in the real estate industry and gradually became the top property developer in Dalian.

With rapid development came an increasing number of problems; this was a critical period during which the enterprise was put to the test. At the start of 1996, even though Wang Jianlin's business was undergoing steady development, he took extra precautions and led the way among nationwide real estate enterprises in propos ing three guarantees aimed at tackling the widespread problems of undersized apartments, fraudulent sales and inferior quality in the industry. The three guarantees were: no leakage, adequate apartment size, and free refunds in the event of dissatisfaction.

The three guarantees policy was very controversial and had a far-reaching impact on the Chinese real estate market. Dalian city government even issued a formal document calling upon the city construction system to learn from Wanda Group. As one might expect, Wang Jianlin's enormous influence brought him great success.

By 1998, Wanda Group's sales in Dalian city added up to ¥30 billion, which equalled 25% of real estate sales in the whole city. The Wanda empire slowly started to emerge from among the hubbub.

HIS FIRST COUP IN COMMERCIAL REAL ESTATE

From the moment the Xigang District Residential Housing Development Company changed its name to Dalian Wanda Group Co. Ltd., it set out on a developmental road of exploration. From 1995 to 1998, Wanda Group relied on its network of people as well as its capital to step into other industries besides real estate, such as pharmaceuticals and elevators. Unfortunately, such endeavours came to a rapid end. Nonetheless, these momentary setbacks did not diminish Wang Jianlin's confidence.

The reason Wang Jianlin persisted in developing business in new industries was partly that he wanted Wanda to gain long-term, stable income, and partly because he was acutely aware of business intelligence. He thought that if Wanda only relied on real estate it was unlikely to get far.

Wang Jianlin discovered that although the real estate industry had bright prospects, there were disadvantages to it that could not be overlooked. The cash flow was irregular. During times when new units were being sold, the company had access to a steady flow of cash, but once a housing complex had been sold off, the company's cash flow would decrease as new land had to be bought. Based on this simple consideration of profit, Wanda had to carry on its search to ensure a steady flow of income. It was only in 2000 that Wanda decided to turn commercial real estate into its pillar industry.

On 17 May 2000 came the crucial board meeting at which Wang Jianlin rolled out his plan for vigorous development of the commercial real estate sector. This proved to be a major turning point in the group's history. Wang Jianlin explained that the income from selling a residence is a one-off profit, yet commercial properties can be both sold and let out. They can also be self-operated. In this way it is possible to gain long-term profits.

Looking at it from the point of view of development, Wang Jianlin was thinking along the right track. It was a shame that not everyone shared his talent for foresight. Some in Wanda Group were not ready to subscribe to his view. Many founding members expressed their opinions and simply maintained that the commercial real estate plan was not suitable for current development and would only cause trouble.

Wang Jianlin stood his ground in the face of doubt and incomprehension. In reality, he, too, was at times hesitant. His predecessors had sought in the past to pioneer the business of commercial real estate, but most failed and turned back. But in Wang Jianlin's mind, if Wanda wanted to expand beyond Dalian and become a global franchise enterprise, then it was inevitable that it would need to take on high-end commercial property projects.

In the end, the stubborn Wang Jianlin decided to allow five years for the transition to take effect. If by 2005 Wanda saw no signs of improvement, the project was to be immediately abandoned. Wang Jianlin wanted to give himself an opportunity, but even more importantly he wanted his team to be faced with a tough challenge.

After the decision to carry out full transition to the commercial real estate sector, the first product to be promoted was the Wanda high-rise. This was a type of detached highrise office building or apartment block that was to be put up for sale. The first three floors were rented out and turned into commercial plazas. In those days, Wanda had very limited sources of commercial tenants; the majority were made up of small shops and restaurants. Due to the fact that businesses of all sizes were often tardy in paying their rent, Wang Jianlin was forced to set up a team specifically dedicated to collecting rent. The process was troublesome and inefficient and the returns were far from what he had hoped for.

In order to find a way out of this awkward predicament, Wang Jianlin came up with a new idea and decided to work with more powerful and influential tenants. He proposed a motto, 'Rent to the

Global Fortune 500', in order to achieve this. At that time Wal-Mart had only recently arrived in China and urgently needed a marketplace to expand its reach. Wanda could use Wal-Mart's popularity and influence to open up new prospects.

After a series of negotiations, the vice-president of WalMart was still in no way prepared to agree easily; Wang Jianlin was at a loss. After several twists and turns he managed to get through to Wal-Mart's chief executive officer (CEO) for Asia-Pacific, Joe Hatfield. After another round of consultations, Hatfield somewhat reservedly said that it was too early to speak of strategic cooperation, but they might as well first give it a go and see.

And so it was. The two parties spent over half a year in dozens of negotiations. In the end, Wal-Mart agreed to work with Wanda and the first Wanda Plaza was built in the city of Changchun in Jilin province. This was considered to be a coup for Wanda.

CONTRACT STRATEGY

Wanda's success in the commercial real estate project was dependent on what Wang Jianlin termed the 'contract commercial real estate' strategic marketing model. It relied on first signing a tenancy contract with well-known businesses, and only then building shopping malls. This marketing model greatly reduced the risk inherent in business. Initially, before he managed to get Wal-Mart on board for the Wanda Plaza project in Changchun, he was met with one closed door after another. At first, he was not even able to get in touch with Wal-Mart's general manager. However, his unyielding persistence finally won him a meeting with Wal-Mart's executive development deputy director.

Although he eventually got what he was striving for, during their first meeting he could tell that the other party looked down on Wanda. It was only many more meetings later that Wang Jianlin got Wal-Mart's reluctant approval for cooperation. The first step was to find a suitable place. When Wal-Mart's development director heard that Wang Jianlin had chosen Changchun as the location for the new Wanda Plaza, he at once rejected the notion. His reason was that when Wal-Mart chose locations in the US, it would only ever consider the suburbs. It was out of the question to choose a location in the city, let alone in the city centre.

Wang Jianlin had his own opinion on the matter and was unwilling to let it go. In the end, he personally called on Wal-Mart's chief executive officer for Asia-Pacific to describe to him Wanda's concrete conception of the plan. Having listened to Wang Jianlin's vision, Wal-Mart's chief executive officer considered it highly feasible. He thereupon visited Changchun to examine the proposed location and gave the go-ahead. And so the Changchun Wanda Plaza was successfully opened.

In truth, Wang Jianlin had anticipated that his plan would be successful, but he had never imagined that the Changchun Wanda Plaza would prove to be so popular. And Wal-Mart, upon seeing the result, swallowed its pride and decided to sign contracts for five more city-centre stores.

The painstakingly won collaboration agreement with Wal-Mart gradually revealed its inherent value. Wal-Mart was the flagship store in the new Wanda Plaza. With its wide variety of goods, pleasant environment and trustworthy brands, it quickly gained popularity with consumers.

Wal-Mart's change of course had an immediate effect on other businesses. It is said that at the start of Wal-Mart's collaboration with Wanda, Wal-Mart was given half of the rent for free. The success of the Changchun Wanda Plaza, however, allowed other businesses to see the great potential for profit, which is why, one after the other, they hurried to work with Wanda.

Initially, Wanda's agreement with Wal-Mart was perhaps slightly unfavourable for Wanda, but one must not underestimate the advertising potential inherent in this collaboration. Furthermore, along with Wanda's development, its standing in relation to Wal-Mart also imperceptibly started changing. This was in no small measure due to Wang Jianlin's practical understanding that a little can be sacrificed for a lot to be gained.

As Wanda continued in its development, the businesses that wanted to collaborate with the company became ever more diversified. For example, apart from Wal-Mart, there were other supermarkets including Carrefour, Tesco, China Resources Vanguard and others. The majority of the businesses were even willing to give up their right to choose a location, as long as Wanda collaborated with them. In other words, no matter where Wanda decided to build a Wanda Plaza, they would sign a contract for that location.

Having worked in the commercial real estate industry for some years, Wang Jianlin was well acquainted with it and used his knowledge to optimize the distribution of different types of businesses. For example, in every Wanda Plaza in a major city, the food and drink stores were always located on the top floor. This was also one of his innovations. He even invented a name for his theory, 'waterfall effect'. According to his analysis, a characteristic of Chinese people is that they love good food. If all kinds of delicacies were grouped together and located on the top floor, the Chinese were willing to run all the way up just for the food. On their way down they were bound to walk past other stores, which increased the customers' overall retention time. It was just like a waterfall, flowing down from the top.

As a result of Wanda's long-term collaboration deal with Wal-Mart, the 'contract strategy' gradually became better established. By the time a new Wanda Plaza was ready to be built, details concerning the tenant of the flagship store were already resolved. Over half of all the area available for rent was already taken up by tenants. During the operations on the ground, Wang Jianlin retained a people-centred approach. He would first find out the exact requirements of the tenants and then suit the plaza to their needs. A key to success in the commercial real estate sector was that one first and foremost had to think of one's customers. Only when the tenants were able to make a profit would Wanda make a profit.

Wanda's 'commercial real estate contract model' quickly achieved the goal of breathing life into the surrounding areas. It turned the Wanda Plazas' localities into the new beating hearts of the city. It was reported that such new city centres enjoyed 80,000 to 150,000 visitors each day and even close to 300,000 in busy periods. This significantly boosted consumer demand and resulted in increasingly bustling and flourishing cities.

Later on, this kind of commercial real estate contract model became key to Wanda's competitiveness. Wang Jianlin proudly stated that the contract real estate model was quickly imitated by others in the commercial real estate sector, but none managed to match Wanda.

INDUSTRY MAKEOVER

In the process of continuous development, Wanda relied on Dalian and eventually became Dalian's jewel of residential real estate. From there it started its expansion to the national level. Wang Jianlin grasped decisive opportunities and made sure that Wanda stood out from the crowd, becoming a renowned national property developer with great influence.

In reality, Wang Jianlin had long before already set his eyes on expanding to the entire country. As early as 1993, he attempted to start a developmental real estate project in the southern city of Guangzhou. In those days it was still extremely rare to see private real estate enterprises operate on a national scale. The industry and commerce department in Guangzhou was unwilling to process the registration for a branch company of Wanda Group. Wang Jianlin was forced to develop his business through a development company run by overseas Chinese. Although the process was gruelling, it had always been Wang Jianlin's dream to go nationwide.

What really made Wanda's national expansion possible was its commercial real estate model. From 2001 onwards, Wanda Group became a spearhead in expanding across the country in the commercial real estate sector, storming countless city centres. The concrete manifestations were in the form of the Wanda high-rises or Wanda Plazas. Each high-rise or plaza was accompanied by a large-scale supermarket, cinema chain, stores and restaurants. Thanks to Wanda's strength in commercial real estate, what had been a newcomer to the commercial world finally began to show what it was capable of.

We can identify three distinct commercial products during Wanda Group's development process.

The first stage of commercial real estate development was characterized by the single-store model. As the name implies, it consisted of a single building that housed all the businesses. The total area was about 50,000 to 60,000 square metres. The actual construction process was as follows: first a commercial high-rise was built. Wanda Group opened up boutique stores on the ground floor. The supermarket was on the first floor. The second floor was devoted to furniture stores and the third floor was taken up by the cinema. Representatives of this model are the Wanda Plazas in Changchun, Qingdao and Nanjing.

There was an upgrade in the second generation of plazas known as 'combined stores'. These were produced between 2003 and 2005. They were made up of a number of separate stores. The total area averaged between 100,000 and 150,000 square metres. They housed around ten different types of businesses including stores, supermarkets and cinemas. Representatives of this model are the Wanda Plazas in

Tianjin, Nanning and Wuhan.

In order to attract more consumers, Wanda Group started to experiment with diversification of businesses during this period, continuously introducing new types of entertainment in the form of video-game stores, department stores and restaurants. Even more importantly, Wanda started to lay emphasis on the scale of its commercial real estate.

The third generation was the Wanda city complex, also called HOPSCA – H for hotel, O for office building, P for public space, S for shopping mall, C for culture and recreation, and A for apartment. This kind of city complex is Wanda Group's key product on the market. It is a one-stop development that comprehensively caters to all the consumer's needs. It is the equivalent of building a new city centre. Representatives of this model are the Wanda Plazas in Shanghai, Beijing, Ningbo and Chengdu.

The third-generation commercial model of the Wanda Plaza also includes an indoor pedestrian street lined with well-known brands. Grouping major businesses together in this way was a significant innovation in the design of commercial real estate space.

During the five years between Wanda's decision to turn to the commercial real estate sector in 2000 and the launching of Wanda's city complex in 2005, Wanda Group accomplished a neat makeover. It can be objectively said that by 2005 Wanda Group already enjoyed high popularity across the whole country. By that time the third-generation model of the Wanda Plaza had reached maturity. However, among nationwide property developers, Wanda's power and influence was far behind that of Vanke, a residential real estate company based in Shenzhen, in Guangdong province. Even Country Garden Holdings, also based in Guangdong province, was in a stronger position than Wanda, though it had only appeared on the market in 2007. Nonetheless, Wang Jianlin's superior financing capacity ensured Wanda

Group's continued rapid expansion. By 2007, Wanda Group already boasted dozens of Wanda Plazas nationwide. It was at the forefront of the commercial real estate sector.

The US subprime mortgage crisis struck in 2008 and greatly decreased Chinese exports. The central government decided to resort to a fiscal expansion policy to stimulate the development of the economy. The state put aside ¥4 trillion to inject into the economy. At that time the monetary policy was relatively relaxed. Adding to the wide impact of the crisis, local governments were keen to quickly convert their land into money. Similarly, banks hoped to see more customers take out large loans.

At that time, the China Banking Regulatory Commission conducted monthly checks on the banks' lending quotas to see whether or not they had reached the baseline. Consequently, when large real estate developers applied for loans, they would generally succeed without much ado.

Wang Jianlin immediately grabbed this historic opportunity for expansion. When he mentioned the 2008 crisis in an interview later on, he said: "Will there be another such opportunity in the future? Many people were scared by the outlook of the events and did not dare to agree to new projects. At the beginning of 2009, Wanda, on the other hand, seized another dozen new projects. The price of land was so low it made one wonder."

The US subprime mortgage crisis negatively affected numerous industries across the world. However, Wang Jianlin used it to achieve rapid development for his company. Wanda's development during this period was remarkable: Wang Jianlin managed to overtake large enterprises that were previously ahead of Wanda, and leave them in his wake, an astonishing feat.

Wanda's rapid growth during this period, as well as its trademark Wanda city complex model, were in agreement with the expectations of local governments. Wanda's complex developmental model, which emphasized injecting a lot of business into a large plot of land, had an extraordinary effect in stimulating the local economy. Wanda Plazas also attracted many Chinese as well as international premium brands. In many cases the Plazas improved the overall outlook of the whole city, which is why local governments were highly motivated to seek collaboration with Wanda Group.

Following Wanda's collaboration with local governments, the scale of the group's projects continued to increase. The total area increased from hundreds of hectares to thousands, the built-up area went up from dozens of square metres to hundreds of thousands of square metres, and the amount of investment skyrocketed from dozens of billions of yuan to hundreds on hundreds of billions. New concepts such as shopping malls, shopping centres, culture and travel holiday resorts, among others, continued to enrich the Wanda model. And so, Wanda's fourth-generation commercial product – the Wanda City – gradually started to take form.

THE WANDA MODEL

Wanda Group marketed itself with a well-known catchphrase: "Wanda Plaza – the key to a vibrant city centre". This catchphrase reflected Wanda's influence and skill in constructing city centres. Thanks to its competitive advantage, Wanda Group has the freedom to choose suitable locations for rapidly building Wanda Plazas in second-, thirdand fourth-tier cities. Currently, Wanda Group is swiftly expanding across the whole country at an average rate of 20 Wanda Plazas per year.

By doing so, Wanda has not only ensured generation of profits through the speedy success of its brand, but also introduced the Wanda model to consumers across different cities. Each of Wanda's unique strategic development models has deeply influenced the respective cities' commercial development.

A classic example is Yinchuan, a tier-two city with a population of just over 2 million. Wanda Group invested in three real estate projects, putting forward a total of ¥7.5 billion of funds over the course of three years. In total, two commercial city complexes were built. Considering that Yinchuan was not a tier-one city, what explains Wanda's earnest interest in it? The answer lies in the city dwellers' hunger for a city complex.

In 2011, a Wanda Plaza was opened in the Jinfeng district of Yinchuan city. In the first four days after opening, a record number of more than 800,000 visits was achieved. This naturally had the effect of urging Wanda to continue investing in such fertile ground.

By 2012, the Jinfeng Wanda Plaza had a turnover of ¥800 million. In just one year, it had become the plaza with the fastest-growing turnover out of more than 70 other Wanda Plazas across the country. The Wanda Plaza in the Xixia district of Yinchuan witnessed a stream of over 690,000 visits in just two days after going into operation. Its revenue reached ¥39 million.

It was in 2006 that Wanda Group built its landmark structure in Yinchuan for the first time: the Wanda Oriental Red cinema city. At that time, it was a historic event that brought more and more people back to the cinema screens. Recently, it has formed part of Wanda's strategy for entering a new city. During the first stage, Wanda gradually moves its brand to the forefront of the local consumers' consciousness by building a cinema or a shopping mall. In the next step, Wanda then brings in a Wanda Plaza or even a Wanda city complex.

Customers soon noticed that when the Wanda cinema city opened in the Oriental Red Plaza, there was already a base structure for a Wanda city complex on the way.

According to the Wanda convention, the Wanda city complexes grouped commerce, business, accommodation and other functions in one place. They provided a one-stop shopping, catering, fitness, relaxation, entertainment and office-building service.

As expected, the Jinfeng district Wanda Plaza opened within five years. Eating, drinking, entertainment, travel, amusement and shopping facilities fully met consumers' leisure and recreation needs. The accompanying hotel-style apartments and office buildings catered to consumers' requirements for a working environment.

The Jinfeng district Wanda Plaza has thrived since its opening. Yearly revenue rose at a rate of almost ¥200 million per year from 2012 to 2014 – from ¥800 million to ¥1.1 billion and ¥1.3 billion.

To a certain extent, Yinchuan's commercial outlook has become diversified due to the appearance of Wanda, which was of great benefit both to Yinchuan city and to Wanda Group.

And so Wang Jianlin, through his replication of a commercial real estate strategy, succeeded in expanding the Wanda Plaza from one location to the entire country. He then ceaselessly worked on making it take root and flourish. Rather than looking at it as a form of Wang Jianlin's conservative expansion, it is better to see it as his neverending confidence in the Wanda model. He believed that as long as the Wanda brand was there, it did not matter where he expanded, as he was bound to attract a large crowd of consumers.

CHAPTER 3

DESTINED FOR FOOTBALL

THE WANDA TEAM

In 1994, Wanda Group had only been in existence for a few years and was still in the initial phases of its development. The public began to take more notice of it at this time because of the Dalian Wanda Football Club, which it set up.

Dalian Wanda FC served to acquaint the outside world with Wanda, but it also sought people's approval for the Wanda brand. Some might perhaps have wondered why Wang Jianlin chose to set up a football club at a time when his efforts in real estate were not paying off. Others doubted the motive for setting up the club: was it a pilot programme as part of a football reform, or was it a magnificent business turnaround for Wanda Group?

In China, Dalian citizens' love for football was plain for everybody to see. The majority of players on the national football team came from Dalian. It could be said that Dalian was a repository for aspiring national team players. Conversely, if the national team was not playing well, the players from Dalian were the first to be blamed.

As soon as the go-ahead for reform was announced, Dalian football fans moved into action. They broke away from the professional league system and local football associations and started exploring the possibilities of setting up new clubs.

As early as 1991, at the national working conference on football, Gai Zengsheng, a well-known former national team player who at that time was vice-chairman of the Chinese Football Association and head of Dalian City Sports Commission, proposed his vision of establishing 'special football zones' during a small-group discussion. His idea was supported by municipal leaders in charge of sport development.

When the national team was defeated in Kuala Lumpur two months later, the Dalian City Sports Commission officially submitted a report on establishing a special football zone to the National Sports Commission. On 8 May, the Sports Commission approved the document and agreed to allow Dalian to establish a special football zone. Wang Jianlin, who had always been on good terms with the Sports Commission, undoubtedly saw an opportunity in this. His capital was acutely needed for setting up a special football zone. Once the club was set up, the Wanda business would become a principal part of the club and media broadcasts would serve to expose the brand to increased advertising. All these were platforms that Wanda could rely on during its expansion. And so, ¥4 million of sponsorship turned Wanda into a primary potential partner for the Dalian Sports Commission that was just making preparations for founding a football club. On 8 March 1994, just over a month before the start of the competition season in the professional league, Dalian Wanda FC was formally established.

Dalian Wanda FC players were already very accomplished to start with. With Wanda's abundant funding, they were unstoppable: they won eight times in a row. The considerable economic strength of the team played an important part in these victories. Wanda Group did everything in its power to allow the players to focus on football 100%. For example, when the players were staying in dormitories next to the pitch, Wanda renovated the accommodation in order for them to train with peace of mind. Wanda not only replaced the floor, they also fitted the rooms with air-conditioning.

During the final of the Jia A League in 1994, Dalian Wanda FC took on the local host club, Sichuan Quanxing FC. Sichuan Quanxing had never lost a match, and were keen to keep up the record on their home turf. Similarly, Dalian Wanda FC were not willing to lose, so they focused all their efforts on the game.

Half an hour into the match, Dalian Wanda FC were already winning 3-0. Thanks to Wanda's unending string of victories, even the fans of the Sichuan team began to shout the slogan "Kick it in, Wanda". In the end, Dalian Wanda FC became the champions of a professional league for the first time.

Hong Kong Television broadcast the Jia A League final live to over 50 countries and territories. Dalian Wanda FC's performance left a deep impression on football fans around the world.

After Dalian Wanda FC came out victorious, the director of the National Sports Commission, Wu Shaozu, congratulated them on their success. It goes without saying that Dalian Wanda FC's victory was closely linked to Wanda Group's investment in the team.

Naturally, Wanda Group gained some invisible benefits as a result of the victory, which increased the reputation and popularity of the Wanda brand. Although Dalian Wanda FC retired after six years, this had no negative effect on the brand.

Wang Jianlin was undoubtedly right to invest in football. Although the football reform in China was only at an experimental stage and both Wang Jianlin and Wanda became targets of experiment, Wanda Group gained a considerable reputation because of this.

FOOTBALL AS BUSINESS

Wang Jianlin was himself a devout football fan. He described himself as "never missing a game" during the World Cup. He would set an alarm to avoid missing key matches.

What he regretted most was that the Chinese team did not compete in the World Cup. He quoted this as the reason for sponsoring the Dalian football team, saying: "A few years ago the company did not have the means for this. Now that we have some money, we will naturally make ourselves seen. A 4-million-yuan yearly investment is just the start ... As the company matures, we will increase our investment."

Unfortunately, Wang Jianlin's regret was not resolved as a direct result of his complete devotion to football. It was only at the 2002 World Cup in Japan and South Korea that Dalian Wanda FC players

Hao Haidong, Sun Jihai and Zhang Enhua made their appearance at a World Cup match for the first time. By that time, Wang Jianlin had already left football behind over two years before, and Dalian Wanda FC had been renamed Dalian Shide FC. Nonetheless, having toyed with football for several years, Wang Jianlin clearly saw the benefit that football had brought to him and to his enterprise.

According to the influential newspaper Southern Weekly, Wang Jianlin originally put aside only ¥4 million for football investment during the first year. But in the end he got into a serious overspend, adding on a further ¥2 million. Such expenditures were proving to be a heavy burden for Wanda Group, given that it was still in its start-up phase; one could even say that it was virtually killing the company. A director from the Dalian Football Association recollected that upon appraising the situation, Wang Jianlin stated that "that was it", revealing his plans for pulling out of football.

It was only after he met with a cool reception on a visit to Singapore that Wang Jianlin regained his confidence in football promotion.

Accompanied by senior executives, he had visited Singapore to meet with a financial company. They were, however, met with closed doors. With the help of a friend, they let it be known that they were the owners of the champion team of the Jia A league. Only then did the other side lower its defences and treat them with due respect. After his return from Singapore, Wang Jianlin decided to grit his teeth and carry on with the football investment.

In fact, this was not the first time that Wang Jianlin's company had been given the cold shoulder in its attempts to expand outwards. As early as the late 1980s and early 1990s, Wang Jianlin was planning to go to Western Europe. The original plan was to meet up with a senior executive of a certain transnational corporation. The other party was less than pleasant upon seeing Wang Jianlin's documents. The senior executive stated that theirs was a world-renowned company and there were countless other companies who sought to collaborate with them. They had no time and no interest in a company as small as Wang Jianlin's. Should Wang Jianlin be determined to carry on with negotiations, he should first do so with their Beijing branch office.

By the mid-1990s, however, Wanda Group sported the largest neon advert in the world and could proudly say that it had greatly raised the quality of Dalian city centre. It was no longer a 'small company'.

Wang Jianlin had a clear vision for the football club. He was not in it just for fun: he wanted to obtain full control of the club management. He had once described his vision for the club in these terms: "We need to establish enterprise consciousness through leveraging funds. A radical transformation of the operating mechanism is required. The club should operate in accordance with football and market laws. Gradually, we should transform the club into a largely joint-stock independent legal entity that combines football and business management in one body and that will eventually stimulate economic growth."

This grew into a classic example of a Western football club management style, complete with a youth development programme. Other countries with comparably mature youth development programmes include, among others, Germany, Spain, France, the US and Japan.

Wang Jianlin, as a chairman of the board, earnestly watched the team's progress in both home and away games. As Ren Juyi explained, if there was a match on Sunday, Wang Jianlin was already on the scene on Saturday. If the match was on Saturday, Wang Jianlin arrived on Friday. He was always accompanied by an office director or one of his subordinates. Not only did he make a habit of attending each match in person, he also took it on himself to motivate the players before every match.

Wang Jianlin also took a personal interest in all club happenings, including bringing in foreign players. The Swede Pelle Blohm was one of the first foreign players in Dalian Wanda FC. His hair reached down to his shoulders, which Ren Juyi described as 'womanly'. According to the rules at the time, players were not allowed to grow long beards or have long hair.

During the 1996 match season, Blohm was originally meant to play in the match against Tianjin, but Wanda was informed before the match that the National Sports Commission had decided that Blohm could not play. The head of the Chinese Football Association thought that Blohm's hair was too long and had to be cut before he was allowed to play.

There were no scissors in the changing rooms and it looked as though Blohm's hopes for his debut were about to be dashed. Blohm felt that forcing him to cut his hair was ridiculous and so, sighing repeatedly, refused. He wanted Wanda to give up on the international transfer and allow him to return to Sweden. Dalian Wanda FC immediately got on the phone to request further instructions. They managed to obtain temporary permission from senior management for Blohm to play in this match, if he tied his hair up in a ponytail. Upon return to Dalian, however, he was instructed to cut it.

Such rules and regulations on China's part had aggravated Blohm. On their return to Dalian, Wang Jianlin himself visited Blohm at his residence, along with the club's management. They apologized to Blohm and his wife. Wang Jianlin was serious about trying to keep Blohm. He presented him with his own calligraphy collection. In the end, under Wang Jianlin's persuasion, Blohm agreed to stay.

As Ren Juyi described, Wanda persuaded Blohm to symbolically cut his hair shorter by one centimetre. They then gave the hair to the National Sports Commission, saying, "Look, we cut it short: here it is." This was enough to pacify all parties concerned.

Wang Jianlin was clear that fulfilling his duty of care to the club was by itself not sufficient. He understood the importance of monetary reward in motivating professional football players. He tried using bonuses, which existed under the market economy as a way of encouraging the players. To some extent, this has accidentally given rise to the phenomenon of 'money-ridden football'. He said: "What I have been emphasizing from the beginning is that each person's contribution is closely linked to their reward. It is desirable that income becomes further differentiated. The difference between individual players' incomes might be even several dozens of times higher or lower. The monetary reward for those with exceptional performance will be no lower than that of international players. Furthermore, they will have a good post ready for them in the company for when they retire. For those that underperform, we shall take no responsibility for securing them a job after they retire from football."

Wang Jianlin always sought to equate the football industry with a business enterprise. He wanted the players' reward to be equal to their achievements, or even slightly higher than their achievements. The media once reported that no match is complete without seeing Wang Jianlin with his leather suitcase full of millions of yuan.

Apart from cash rewards, Wang Jianlin had a golden football trophy made in order to tap the players' potential. Each of these footballs weighed 300 grams and was made of pure gold. However, it seemed that football players were not very knowledgeable when it came to appreciating quality. They regarded the golden ball as having more of a commemorative value. It was nowhere near as practical a reward as having a luxury car or a house. Wang Jianlin delivered what he had promised and perfected the Wang management style by reverting to luxury cars such as Mercedes-Benz.

Everything he did was intended to motivate the players. This is why he was the first to feel the pressure when the team's results were deteriorating. During the 1995 season, Wanda lost one match after another. The distraught Wang Jianlin once shared his woes with the media: "It is not easy for a private enterprise like ours to channel ¥1 million a year into football. If I didn't channel this money into football, no one would complain. The profit that gets split among our employees is that much smaller because of the football investment. Not long ago, I heard complaints that the team did not have a transport vehicle. I immediately provided them with one, spending ¥500,000. Recently, I invested a further 2 million into building a training ground jointly with the Shihuishi company. The training ground encompasses two pitches accompanied by a dormitory, complete with private bathrooms and air-conditioning. Last year I agreed to provide three houses for the team, now I have already given five … I have done everything I could from the point of view of a football manager, but I can't win the game on the pitch for them!"

Some people compared Wang Jianlin to the Russian millionaire Roman Abramovich, who ensured that England's Chelsea FC were drowning in money. However, apart from throwing money around to buy players, the two in fact did not have much in common. Wang Jianlin, who was far removed from open-market operations, had started his career more than ten years before Abramovich. His football business was actively supported by Dalian city. The city governors even helped the Wanda team to bring in international talent.

In the football business, dominating the Jia A League was not Wang Jianlin's ultimate aim. His ambitions were set even higher. When he saw that victory in Jia A League was already a sure thing, he revealed that Dalian Wanda FC's next step was to win the Asian Champions League. He hoped to pave a path for Chinese football to dash out of Asia and storm the world. Regrettably, he never achieved his dream.

The closest Dalian Wanda FC came to winning the Asian Champions League was in 1998. In the Asian Champions League final, Dalian Wanda FC met with South Korean Pohang Steelers. The match was very intense. Two hours in, there was no obvious winner or loser, with the score still remaining 0–0. In the end, Wanda lost in the penalty shootout and came in second place overall.

BIDDING FAREWELL TO THE PITCH

The local government greatly valued Dalian Wanda FC. However, when it came to actual management, Wanda was always subject to government approval. This kind of limited management frustrated Wang Jianlin. It is reported that he came into conflict with the municipal governors over club management on several occasions. Besides, Wanda's repeated victories contributed to the football fans' ever-rising expectations. The pressure from Dalian city government, along with widespread illegal gambling and corruption in the football world, gradually planted the seeds of Wang Jianlin's retreat from football.

In the Chinese FA Cup semi-final on 27 September 1998, Dalian Wanda FC took on Liaoning FC. Wang Jianlin was dissatisfied with the referee's decision for three penalty shots and thereafter announced his "perpetual retreat from the football world". This was the catalyst for Wanda's complete withdrawal from football. Further disillusioned by the gambling and corruption revealed in the Chinese football world in 2000, the Wanda brand completed the final step in its divorce from football and Dalian Wanda FC became a thing of the past.

After retreating from football, Wang Jianlin focused all his energy on running Wanda Group. Soon after, Wanda Plazas were gradually starting to be constructed all over the country. Nonetheless, Wang Jianlin's heart was still devoted to football. He mentioned the possibility of returning to football in one of his speeches at Fudan University. He said: "In considering whether or not to return to football, we must first understand why we retreated from football in the first place. There are two reasons for that. Firstly, it was because of the helplessness I felt at the current system. In its current form, football is run by officials. All I do is provide money, but I have no say in the management of the club. For me, there is no excitement in that. When Wanda came onto the scene, nothing changed. Are you asking me when will I come back? When official-governed football is turned into market-governed football, I will be sure to return and when I return, we will be the best."

RETURN TO FOOTBALL

On 3 July 2011, the chairman of the board of Dalian Wanda Group, Wang Jianlin, who had once resolutely stated that he was leaving the world of Chinese football behind, announced that he was returning to the football world after an interval of more than ten years. The difference was that this time he did not intend to finance any single club. Wanda's plan was as follows: during the following three years, Wanda was going to provide at least ¥500 million of capital. The aim was to work out strategic cooperation with the Chinese Football Association. The key points included the sponsorship of the Chinese Super League and support for youth football.

As early as January 2011, Liu Yandong, the then State Councillor, presided over a conference aimed at revitalizing Chinese football. The theme of this conference was that "the central government takes great interest in the reform and development of football." Wang Jianlin at once announced that as long as Chinese football had the need for it, Wanda was ready to support it fully. Investments of several hundred million yuan were possible.

This verbal promise was fulfilled half a year later. A conference for signing a contract of strategic cooperation between the Chinese Football Association and Dalian Wanda Group took place at the Beijing Institute of Technology on 3 July. According to the contract, Dalian Wanda Group was to provide a minimum of ¥500 million over the period of three years to actively support the revitalization of

Chinese football. At the same time, a Wanda-sponsored project for sending rising Chinese footballers to study in Europe was officially launched. The value of individual sponsorship was a record high in the history of professional leagues, or even in the history of Chinese sport in general.

When the event came to an end, Liu Yandong shook Wang Jianlin's hand, saying: "You did a good thing. It is even more important now that Chinese football is at its lowest." Wang Jianlin had no plan of relying on his sponsorship of football to directly bring in revenue. He had a more longterm plan.

"There is no place for earning money here, nor can we say that this project is a task delegated to us by the government. If we don't do it, no one will force us into it." For Wang Jianlin the primary requirement was to establish ground for working together and he was willing to accept a tacit understanding on both parts. Wang Jianlin maintained that the reason why he was once more able to bring himself to invest in Chinese football after his disheartened departure was because of the confidence he had in the anticorruption and anti-gambling movement in the football world in 2009.

Wang Jianlin said: "If we wish to cleanse the football world, we must at the very least ensure that the top levels retain a tough stance. The reason why I am willing to make a comeback is because I learned that from now on the Ministry of Public Security will be present at all Chinese Super League matches, as well as at other national competitions. As senior directors have promised, a 'tough stance' will be maintained throughout."

Wanda's ¥500 million contract over three years was binding in six different areas:

1. Wanda was to be the title sponsor for the Chinese Super League.
2. The group was to introduce development programmes for

under-16s and give promising young players the opportunity to pursue further study with top European football clubs.

3. Wanda would contribute funds and time to the Chinese Youth League and strive to expand it.

4. Wanda would not hesitate to employ top foreign coaches in the role of head coach, regardless of the cost.

5. Referee checks and the referee reward system were to be strengthened.

6. The development of the Chinese female national football team was to be strongly supported.

With money in their hands, the Chinese Football Association set out on an impressive headhunt. Soon afterwards, the former Spanish football star José Antonio Camacho was hired as a coach for the Chinese national team. It did not take long for Wang Jianlin to realize that his money was not being spent wisely.

The Football Association signed a three-and-a-half-year contract with Camacho. According to the contract, Camacho's coaching team was promised a yearly salary of €4.3 million after tax deductions. This was among the top ten highest salaries in the football world. However, the contract stipulated no rigid rules or assessment criteria regarding the team's performance. In other words, the Chinese Football Association had no right to unilaterally terminate the contract.

Everyone was hoping that the Spanish football star would be able to lead the Chinese national team on to the 2014 World Cup in Brazil. How disappointed they were when the Chinese national team did not even get into the top 10.

With no visible turnaround in the national team and a failure to qualify for the Asian Cup, public opinion heavily leaned in favour of Camacho 'ending the show'. However, the bilateral contract did not include any restrictive measures, so Camacho pocketed his high salary as agreed and continued to fulfil the role of head coach of the national team. It was only on 15 June 2016, when the Chinese national team suffered a crushing 1–5 defeat to Thailand, that the Chinese Football Association, faced with Chinese football fans' unbearable rage, finally made up its mind and forced Camacho to stand down.

The main reason the Chinese Football Association was so hesitant in making Camacho step down was money. Because the Chinese had unilaterally terminated the contract, Camacho, under the terms of the contract, requested tremendously high compensation. Wanda Group, having already made a loss on the money previously paid, refused to pay the penalty for the breach of contract. This put the Football Association in an extremely awkward situation. The association also became a target of public criticism for having signed an ill-drafted contract in the first place. In the end, Camacho and the Chinese Football Association agreed to terminate the contract, but the value of the compensation was kept secret.

In July 2014, the central government set up special inspection teams. The Football Association Centre just happened to be on the list of organizations to be inspected in the first round. Before the start of the first inspections, Wang Qishan, the central figure in the anti-corruption campaign, presided over a mobilization meeting. As the team leader, he clearly stated: "Inspections shall be carried out wherever there is trouble."

Camacho's contract was to be included in the upcoming round of audits. Wanda may have hoped to find out what had happened to its investment. Wang Jianlin, who had ample experience with large investments, knew that money had the power to improve a team's performance in the short term, but it could not save Chinese football. "The key problem in Chinese football is the design and reform of the system." He admitted that he himself was "just a sponsor, no more than a large wallet".

Having once given inspiring team talks in the changing rooms, Wang Jianlin no longer insisted on having control over a football team of his own. He concentrated instead on paving the way for freedom of speech at the highest levels of the system.

THE FUTURE OF CHINESE FOOTBALL

Wang Jianlin admitted that his decision to leave Chinese football was made in a fit of anger. Although he swore never to come anywhere near football again, he was unable to let go of his fondness for the sport. Football was his dream. In his opinion, the reason the Chinese team never made it out of Asia was that the basic pool of footballers in China was not strong enough. This was quite clear from the number of youth players: according to incomplete statistics, currently there are only about 10,000 young footballers in China. When compared to neighbouring Asian countries Japan and South Korea, the difference is staggering. Both Japan and South Korea have over 100,000 young footballers.

Simply looking at the situation from this perspective, Wang Jianlin could clearly see the discrepancy. The decisive element in developing a sport is whether or not the sport can be popularized at a local level. For example, the reason table tennis became the Chinese national sport is that one can find table tennis tables almost anywhere around the country. The enthusiasm with which people have thrown themselves into the sport has facilitated China's domination of table tennis championships over the past couple of years.

This is why Wang Jianlin focused his efforts on youth development. He did not set his hopes on changing the Chinese football scene immediately; rather he hoped to see a real rise in Chinese football over the next eight to ten years.

Apart from this, Wang Jianlin also funded the Chinese female national football team because he believed that for sport performance to improve it had to be developed on all sides. Only then could the competitive level increase. Although women's football was not as popular as men's football, the female teams qualified in competitions more often than the male teams. In this instance, Wang Jianlin's reason for funding the Chinese female national team was primarily to lift the team's morale. He not only funded coaches for the team, he also sponsored the Chinese Female Super League.

Wang Jianlin's vision for Chinese football was similar to that of other entrepreneurs who had managed football clubs. Their opinion was that if Chinese football wanted to step onto a path of healthy development, it first had to shed its current form of official control. Only then could Chinese football fully integrate with the market and become a kind of enterprise.

In other words, if Chinese football did not shake off the hand of officialdom, it would struggle to develop in any meaningful way and could even stumble into a dead end. However, reform is always a slow process. It had only been a few decades since the foundation of the Chinese Football Association. In those years the People's Republic of China had only just come into being. There were a thousand things waiting to be done. The Chinese economy was backward, not to speak of the state that football development was in. This was a relic of the era when many companies were nationalized. Now, with the rapid development of the Chinese economy as well as the constant advance towards an integrated global economy, systemic reform had also arrived in China. But many government agencies saw the reforms delayed since they touched upon the interests of multiple stakeholders. The Chinese Football Association was one such example.

Due to football's high profile and popularity, many private entrepreneurs had their eyes on a large slice of this cake. From the early days they used all kinds of rewards to motivate players to win important matches. Later on, entrepreneurs used football as a sports business card helping them to tap into new markets.

Wang Jianlin's opinion of the overall direction of Chinese football's development was that it hinged on private capital. The intervention of private capital was like splashing oil in a boiling hot pot of noodles. As well as having the effect of stimulating the players' zeal on the pitch, it also served to raise the audience's enthusiasm and breathe life into Chinese football. After all, football was one of the first sports in the world to be played competitively.

When Wang Jianlin left the football world, there was no visible change. On the contrary, corruption became ever more evident. At that time, a number of club managers, including the Chairman of Shide who took over Dalian Wanda FC, joined forces in calling for a reform of the football system, but without success.

The general opinion of private enterprises in the football business, together with frequent scandals involving football officials, worsened the Chinese Football Association's already precarious situation. It could be only a matter of time until it stumbled.

Wang Jianlin believed that the current situation was, at first sight, unfavourable for the development of football. Looking at it from a more long-term perspective, however, Chinese football might yet benefit from this situation – the organization crumbled from the top down, which not only had an effect on the development of the football industry, but more importantly facilitated the sport's march towards industrialization. This in turn might help the football industry to shed the shackles of officialism sooner and bring about full-scale commercialization.

If he really wanted to radically change the current situation in Chinese football, he would have to 'marry' it to the market from within. Only then could Chinese football thrive under the market's operating mechanism. In other words, Chinese football can only climb out of the abyss onto a path of healthy development if it manages to conduct a thorough reform.

In 2015, Wanda bought a 20% share in Atlético Madrid, the winner of La Liga that year, for €45 million. On 18 March 2016, FIFA signed a 15-year-long strategic cooperation contract with Wanda. Wanda became FIFA's first major Chinese sponsor.

In its role as FIFA partner, Wanda Group plans to play a greater role in bids for the World Cup and other large-scale international competitions. Wanda also hopes to bring Chinese football on a par with the rest of international football, as well as increasing China's influence on the international football scene. Although the level of Chinese football is comparatively low, the support of one of the world's most powerful sponsors will help it to benefit from international football expertise. With Wanda's help, Chinese football will become more professional, more commercial and increasingly revitalized. Each step that Wang Jianlin has taken in this field has led him closer to fulfilling his promise of breathing life back into Chinese football.

4 CHAPTER

BUILDING A FOUNDATION FOR THE WORLD

ON TOP OF THE WORLD

With increasing experience, Wanda reached new heights, be it in commercial real estate, the cinema industry or in the football world. With its constantly upgraded products and ever-growing lines of business, Wanda's horizons have also widened accordingly. No longer satisfied with countrywide development, Wang Jianlin cast his sights further afield with plans for international development.

Wang Jianlin had always hoped that Wanda would turn into a world-class enterprise and become one of Fortune magazine's Global 500 corporations. He wanted the Wanda brand to make its voice heard on the world stage and win honour for Chinese enterprises. Wang Jianlin's patriotism was completely intertwined with his commercial ambition.

Wang Jianlin summarized this point in an address to the media: "I feel a sense of duty. In my eyes, the Oriental Movie Metropolis project is not only Wanda's dream, it also shoulders the heavy responsibility of establishing a Chinese cultural world brand. This is the aim of my work in the cultural industry. I also strive to turn appropriate concepts into Chinese cultural symbols with global significance. As you can see, it is not all about Wanda's reputation or business transformation. There is a definite element of social responsibility in it as well."

As early as 18 December 2011, Wanda Group signed an agreement with three Spanish football clubs, Atléti co Madrid, Valencia CF and Villarreal CF, which detailed an overseas training plan for rising Chinese stars. Wanda invested ¥200 million into this programme. The responsibility for overseeing the training programme was given to Shi Xueqing, who had just recently vacated the post of general manager for the cultural department in the Dalian Wanda Group. Wang Jianlin's large investments attracted speculation from the outside world. The majority agreed that Spain was going to be Wanda's first choice for showcasing itself to the world.

In 2012, Wang Jianlin spoke about Wanda's latest developments in the cultural sphere at two press conferences, revealing his plans for launching Wanda's international expansion. When he later made a speech at Tsinghua University in April of the same year, he was even clearer about his plans: "During the following year, Wanda shall predominantly focus on transnational operations. The world will stand witness to an astonishing acquisition."

In 2012, Dalian Wanda Group signed a strategic cooperation contract with the Export–Import Bank of China. The latter agreed to support Dalian Wanda Group in the travel and culture industry as well as in the matter of transnational acquisition operations.

On the afternoon of 21 May 2012, an exceptionally exciting day for Dalian Wanda employees, Wang Jianlin committed US$3.1 billion and signed an acquisition agreement with AMC Entertainment Holdings. From that day on, Wang Jianlin became a shareholder of this US company, the second-largest cinema chain in the world. The event generated wide interest. The sensitive topic of Chinese businesses' acquisition of transnational companies once more instigated controversy.

The central point of the controversy was that Wang Jianlin's act was perhaps yet another example of "the Chinese paying American debts". Several years prior to this, the head of computer manufacturer Lenovo, Liu Chuanzhi, had taken a similar course of action by acquiring IBM's ThinkPad division. When Wang Jianlin followed in Liu's footsteps, many people asked themselves what the practical purpose of transnational acquisition was. How much money would Chinese entrepreneurs have to spend before they finally understood the truth of the large fish devouring the small ones?

Wang Jianlin offered the following response: "From the perspective of Chinese businesses, it was quite natural to commit a considerable sum of money if one hoped to achieve real transnational acquisition. It depends on what you call a considerable sum of money, because regardless of which country a business is from, they all dream of becoming global corporations. Influence only comes with scaleenlargement. Only then can a business hope to be at the very top of the industry and only then will their voice count."

The way that Wang Jianlin saw it, Wanda's acquisition of AMC Theatres was not a question of cost. It was a question of whether or not a Chinese enterprise can truly take on the world. The strategic insight of Chinese entrepreneurs was also an important element in the decision-making process. To put it another way, from the point of view of an entrepreneur, acquisitions are only measured by their potential for profit. This, without exception, holds true equally for both national and transnational acquisitions.

AMC Theatres had a total of 346 cinemas worldwide. It was the largest 3D screen operator in the world. It was clear that the hundred or so cinemas in downtown areas in North America had been selected for their strategic location. This gave the chain a competitive advantage that cinemas in other locations could not match. Through this transnational acquisition Wanda, in one move, became the world's largest cinema operator. By then, Wanda owned 428 cinemas and controlled 5,758 screens. However, Wang Jianlin was still not satisfied. He announced that Wanda was constantly going to align itself with the market and complete comprehensive transnational development.

At the time of Wanda's acquisition of AMC Theatres, many on the outside referred to the event as 'an ant devouring an elephant'. In Wang Jianlin's opinion, however, AMC Theatres was no elephant and Wanda was not an ant, rather a colony of ants. After a lengthy two-year negotiation process, they finally arrived at the acquisition plan, ready to put on an 'ant devouring an elephant' show that would command the world's attention.

Looking at the situation from an objective economic development point of view, a good number of economists agreed with Wang Jianlin that the "ant devouring an elephant" phenomenon was not uncommon in the commercial world. However, Wanda's acquisition of AMC Theatres took place between two different countries: one was the US, the richest country in the world, and the other was rapidly developing China. What drew the attention of people from over the world was the fact that the 'ant' was Chinese and the 'elephant' was American.

Wang Jianlin commented that if it had been an American enterprise that had acquired a Chinese one, people would not have been so surprised. But the way he saw it, it didn't matter which nation's enterprise got acquired by another nation's enterprise. It all fell under accepted business practice.

At the beginning of 2016, Wanda Group announced that it had purchased the majority of Legendary Entertainment's shares for no more than US$3.5 billion. This has, up until now, been the largest cross-border mergers and acquisitions (M&A) operation carried out by a Chinese enterprise in the culture industry. Wang Jianlin stated during the contractsigning ceremony that through this move he wanted to amplify Dalian Wanda Group's voice in the film industry. "Wanda already enjoys great influence in the Chinese film industry, but that is far from enough. The film market is global, which is why we must win influence. Currently, a couple of large American companies control the global film market. How do we effect change? By relying on Wanda's step-by-step approach."

BUILDING A 'CULTURAL CARRIER'

When the AMC Theatres acquisition case was settled, the global audience increasingly started paying more attention to Wanda's activities on the cultural scene. Many people no longer associated Wang Jianlin primarily with commercial real estate. They started to see him and get to know him in a completely new light. This also contributed to his growing 'cultural ambitions'.

Wang Jianlin's ambitions in commercial real estate were widely known. In the cultural sphere, however, he put together an astonishing team of people in just eight years – the Wanda Culture Industry Group. It originally served as Wanda's back-up force, but after eight years of hard struggle the company evolved into a dominant force that would be hard to overlook in the Chinese culture sphere.

In the course of a mere eight years, the Wanda Culture Industry Group was commanding the attention of the whole world. Although it had the might of Wanda and Wang Jianlin watching its back, the group certainly did not have an easy ride.

Wang Jianlin once explained that he was not, after all, an artist. He was a businessman. What businessmen need to consider is how to expand the business and how to establish a transnational business brand. As for the long-term development aims of the Wanda Culture Industry Group, it was perfectly possible for it to promote national culture as well.

One of the business lines in commercial real estate for Wanda Group is the Wanda Hotels. Wanda Group has already constructed 32 Wanda Hotels in cooperation with the world's top five hotel management companies. In Wanda Hotel management, Wang Jianlin maintained the following strategy throughout: Step out, bring in, open up.

Only after having 'stepped out' into the world can one discover one's weaknesses. As a result of that one can "bring in" modern management concepts from abroad. In the last step, one can finally fully implement the "opening up" of the business on the global market.

With ample experience in hotel management under Wanda's belt, Wanda Culture Industry Group only had to 'step out' along the road already trodden. Similarly, Wanda's acquisition of AMC Theatres laid a strong foundation for the transnational expansion of Wanda Hotels.

Wang Jianlin had plenty of experience in guiding Wanda through the 'stepping out' phase. In the eyes of the outside world, Wanda was brimming with ambition. This was true, but it was certainly not the whole story. As the captain of this cultural carrier, Wang Jianlin was more than capable of steering his ship out of the Asian harbour and successfully making landfall across the ocean.

Wanda's two decades of development, be it in terms of its ever-broadening scale or the rapid increase of Wanda's output, astonished a good number of entrepreneurs. Wang Jianlin's greatest insight during this period was the importance of constant innovation in the industry's operating model. Under his leadership, Wanda adopted an operating model similar to that of a transnational enterprise. It would not take long for Wanda to set sail and cast off, ploughing the ocean waves.

THE DREAM OF A 'CHINESE HOLLYWOOD'

In total, Wanda had only been active in the cultural industry for eight years. During these years, Wang Jianlin had climbed to the very top of the Chinese cinema business, achieving unequalled hegemony in Asia. With the acquisition of AMC Theatres, Wanda's scale and power moved to a whole new level. It truly became worthy of being called the industry leader.

AMC Theatres had been making a loss in the three years prior to being acquired by Wanda in 2012. The following year, AMC Theatres made a profit. It was a shocking revelation for many. For the majority of foreign entrepreneurs, Wanda was just a little-known Chinese enterprise. How, then, could it possess the ability to turn around the state of AMC Theatres?

During the launch ceremony for the Oriental Movie Metropolis in Qingdao in September 2013, the media touched on the topic of AMC Theatres. Wang Jianlin avoided the question and steered the topic of discussion away. Instead, he spoke with confidence about the film and television industry park that was to start operating in Qingdao. He pointed out that neither in China nor elsewhere had there been an equivalent of the Oriental Movie Metropolis project, both in terms of its scale and the amount of money that was invested in it.

The construction of the whole project took up an area of 3.76 million square metres. The floor area came to 5.4 million quare metres. Moreover, the Oriental Movie Metropolis was not limited to film and television production. There was also a museum, an exhibition centre, a film-star waxworks museum and other filmand television-related projects. Other facilities included the Wanda travel and culture city, resort hotels, a yacht club, live *Top Gear* shows and a whole street of seaside bars.

Wang Jianlin explained that in the Qingdao project Wanda was going to put all its efforts into constructing the largest film and television base and resort city in the world; here Wang Jianlin's long-term dream was laid out for all to see.

Wanda's investment in the whole project exceeded ¥5 billion. Such a large sum naturally attracted a high level of attention from overseas. A number of foreign media channels joined in the excitement generated by the project, not to mention the Chinese media who feverishly competed to report on the event. The world-renowned financial newspaper, the *Wall Street Journal*, even conducted an interview with Wang Jianlin. He revealed during the launch ceremony that the reason Wanda was willing to invest such a large sum of money was that they wanted to build a 'Chinese Hollywood'.

Many people did not hide their scepticism at Wang Jianlin's ambitious dream. Although Wanda possessed abundant financial resources and Wang Jianlin himself did not lack courage, there was no way of knowing whether the world's first Oriental Movie Metropolis had any chance of matching the prestigious Hollywood.

Wang Jianlin was quite clear that there were inevitable differences between Eastern and Western culture. Even if these differences became less conspicuous as a result of the process of economic and cultural globalization, they nonetheless still existed. These cultural differences caused East Asian concepts of film and television to differ from Western ones. Despite China having a rich cultural heritage, including a good number of excellent literary works, it was not until 2012 that the Nobel Prize for Literature was awarded to a Chinese writer.

Impressions of Chinese culture are limited in the West. The reason behind the launching of the Oriental Movie Metropolis was to market Chinese culture. The emphasis, however, was on how China, along with other East Asian countries, should showcase its local culture to the West.

Such thinking explains why Wang Jianlin acquired AMC Theatres. He now had plenty of room for showcasing China's, as well as other East Asian countries', outstanding cultural works. Wang Jianlin felt that only under such conditions could he achieve a real cultural exchange between Eastern and Western countries.

Using AMC Theatres as a platform to promptly promote Chinese films, such as *Lost in Thailand*, on the international market was very successful and, as a result, Wang Jianlin's plan for the future of the Oriental Movie Metropolis became ever clearer in his mind. Through repeated trial and error, Wang Jianlin discovered that although there were undeniable differences between Westerners' and Asians' habits, when it came to art, culture knew no borders.

In his youth, Wang Jianlin once read some poems by the English Poet Laureate, William Wordsworth, and found that the imagery used was no different from that used by Chinese poets. For this reason, Wang Jianlin believed that the way to make Asian culture accepted in the West was not to change Asia's rich cultural heritage by adjusting it to Western norms, but to make Westerners really understand Asian culture.

What people saw when they looked at the Qingdao project was a magnificent feat accomplished by Wanda's rising star – the culture industry group. It can also be said that it was another innovation in Wanda's process of enterprise transformation. Concealed behind the Qingdao Oriental Movie Metropolis was Wanda's huge commercial empire, governed by the Wanda way.

In 2012, Wanda Group officially established a film production company and started to show its talents in the film production business. The romantic comedy *Holding Love* was a big hit on Chinese Valentine's Day, thanks to the good timing of the film schedule and enthusiastic support from cinemas. Wanda Media Co. Ltd. announced that it would be investing in at least eight films per year, starting from 2013. Among the films Wanda invested in were crime thriller *Police Story 2013*, martial arts drama Man of Tai Chiand historical romance The Palace. The Wanda-sponsored historical drama *Coming Home*, released in March 2014, was well received both by audiences and critics.

Wanda Media's 2014 film plan included masterpieces such as *The Great Hypnotist*, scheduled for the May Day holiday, and the adventure fantasy thriller *Mojin: The Lost Legend*. Other films spanned several different genres, from thrillers to romances.

However, Chinese film production was still facing a number of obstacles, chiefly an insufficient talent pool in the industry, limits on technology, and film censorship. The result was that the Chinese film industry remained small and cinema chains continued to rely largely on imported films. As for whether Wang Jianlin's dream of a Chinese Hollywood can come true, this still remains to be seen.

BUILDING A CULTURAL CITY OF TOURISM

Another of Wanda's wins on its path to transnational expansion was the acquisition of British yacht builder Sunseeker International and the establishment of a real estate development company in the UK. At the start of 2014, Wanda made plans to invest £2-3 billion in an urban development construction project in Britain and to purchase Madrid's iconic building, the Edificio España, for the massive sum of €265 million.

Sunseeker International had a history dating back to 1968. Having been in operation for several decades, it had early on become one of the world's top brands in luxury motor yacht manufacturing. It was also the British royal family's favoured yacht brand. The company had over 2,500 employees and a strong market position, with an annual turnover as high as US$5 million. Wang Jianlin was filled with confidence by this move. He maintained that yachts, as the flagship product of high-end luxury goods, would dominate millionaires' consumption trends.

Originally, in accordance with its established strategy, Wanda had intended to set up yacht clubs in Dalian, Qingdao and Sanya. Each was to be provided with at least 10 yachts as well as 300 moorings in order to attract other yachts. After careful consideration, though, Wang Jianlin came to the conclusion that, rather than buying 30 yachts, it was better to buy a yacht manufacturing company, so in the end Wanda decided to go for Sunseeker.

During the process of expansion, Wang Jianlin's strategy was not only to minimize interference in the management style of each company but also to take full advantage of the existing management staff by stimulating their initiative. Following the acquisition of Sunseeker, he did not send a single Wanda employee there. Wang Jianlin said: "Our acquisition of the company is nothing more than having a new general manager. With appropriate policies in place, we trust that Sunseeker employees will do an even better job."

With regard to transnational M&A, Wanda has always adhered to three criteria:

1. Wanda aims to invest in and conduct M&A operations in countries with flourishing economies and mature markets.

2. "M&A operations are primary; investment is secondary."

3. Companies chosen for M&A operations must deal with industries that are already closely related to Wanda's. The primary focus is to be on culture, tourism and retail.

Wanda spent heavily on purchasing the yacht business in order to stimulate diversified development as well as development in the tourism sector. When Wanda contracted the building of a large-scale tourist resort, Wang Jianlin made an important discovery. He believed that the decisive point between success and failure with these kinds of projects was whether or not Wanda could achieve a rational transfer of resources across the world.

The building of a cultural tourism city was Wang Jianlin's attempt at rational transfer of the resources that were available to him. In Wang Jianlin's vision, the Yangtze River Delta held an especially important position and therefore required exceptional attention. Wang Jianlin had previously led a group to scout out the locations of Ningbo, Nanjing and Wuxi. After rigorous analysis, in the end they settled on Wuxi. Wuxi is located in the middle of a triangle formed by Shanghai, Nanjing and Hangzhou. Its geographical advantage was evident.

After careful planning, Wanda Cultural Tourism City was set to be built in the Binhu district of Wuxi city. The total area spanned 2.02 million square metres, with floor space covering 3.4 million square metres. Wanda's investment in the project equalled ¥21 billion. It was split across four sectors: culture, tourism, commerce and hotels. It included Wanda City, a large-scale stage show, a large theme park and resort hotels.

Wang Jianlin said: "I have exerted the most effort on this project, I have spent the longest amount of time on planning it and the number of innovations is also the greatest." For example, water parks are common enough, but Wanda was committed to building a "fourth generation" water park. Much of the equipment was custom-made and unique. "We have put a lot of research into this programme. An international team of experts took care of the design, incorporating Wuxi's local cultural story as well as interactive exhibitions."

Wang Jianlin claimed during a media interview that he had previously scouted Wuxi on many occasions. The design team also went back and forth countless times, racking their brains for over half a year on how best to let the culture element of the project express Wuxi's local culture. In the end, they designed an outdoor theme park with six distinct sections. Each section strove to exhibit a local speciality. For example, the well-renowned purple clay pottery played an important part in the exhibition.

What kind of culture industry was suited to China? This was a question that Wang Jianlin believed needed special consideration. The origins and development of Chinese traditional culture, as well as the specialities of Wuxi's local culture, were all elements that Wang Jianlin hoped to communicate to society through the Wuxi Wanda City. This involved a process of sifting through mythology, local culture, traditional crafts and other key concepts.

When Wang Jianlin was building the Wuxi Wanda Cultural Tourism City, he wished it to be a further step along the road out of China and onto the world stage. The aim was to build a Chinese culture brand.

Wang Jianlin said: "With the end of large-scale development in Chinese real estate, it is highly unlikely that we could achieve sustainable development of both the tourist and real estate industries. My guess is that we might be able to retain it for a maximum of eight to ten years. Luckily, within eight to ten years the cultural tourism scene will have fully developed." In Wang Jianlin's opinion it was an inherent advantage that the Wuxi Wanda City was built on native soil.

"With a history of 5,000 years or so, the vitality encased within Chinese culture is self-evident. Wanda wants to reactivate traditionally Chinese culture and values through exposing Chinese consumers to a taste for brands. When the time comes, these values will be brought out to the world." In this respect, it seemed, Wang Jianlin had no fear of being a daring forerunner.

CHAPTER 5

A THOUGHT OF A CENTURY LASTS FOR A CENTURY

ENTERPRISE CULTURE

After 30 years of growth, Dalian Wanda had been transformed from a small, little-known company into a largescale enterprise that combined five different industries culture, commercial real estate, chain department stores, tourism investment and high-class hotels – in one enterprise. The speed of Wanda's development was astonishing, and the reason Wanda grew at such a pace was closely linked to Wang Jianlin's management skills.

Wang Jianlin paid close attention to maintaining a human approach in the process of enterprise management. In building his business, he retained a people-centred approach from the onset. Only by exerting great effort in caring for its employees was Wanda able to attract international talent. More specifically, the care Wang Jianlin expended on his employees mainly manifested itself in the following ways.

First, the standard salary Wanda offered to its employees was the highest in all of China for the industry. Wanda practised a seniority wage system among its grass-roots employees – all Wanda employees got a ¥1,200 bonus for each year of service, on top of their regular income. After five years, the seniority bonus alone equalled ¥6,000, which was unheard-of in any other enterprise within the industry. Wanda's employees felt grateful for the generous treatment, and so were willing to exert the utmost effort to do their bit for the company. It is safe to say that this played an important role in helping Wanda Group grow at such a fast pace.

Secondly, as well as generous remuneration, Wanda set up a comprehensive training system for employees. Every year, the group spent hundreds of millions of yuan on training. It also invested ¥700 million in building their employees a 12-hectare Wanda College in Langfang city, Hebei province.

The college floor space covered over 120,000 square metres and it could accommodate more than 3,000 people. It consisted of an administrative building, teaching buildings, outdoor sports ground, indoor gym, dormitories, enterprise exhibition hall and a canteen. Teaching was carried out using the most advanced equipment available in China, supported by exceptional infrastructure. It counted among the top business schools in China.

Since the building of Wanda College, Wanda Group has arranged for the company's middle and high-level managers to attend training at the college on a yearly basis. The college has nurtured countless outstanding managers, building a strong base for Wanda's rapid development.

Thirdly, Wanda Group took extra care to treat its employees well from day to day. Wang Jianlin required that there be a company canteen. No distinction was made between headquarters and branch companies: all Wanda employees were provided with free meals during the working day. Apart from this, Wanda practised an internal 'happy holiday' system. Employees who were judged to be outstanding could take advantage of this. They not only had the freedom to choose a destination out of all Wanda hotels in the country, they were also reimbursed for a return flight ticket as well as for accommodation. They could even get flight and accommodation costs reimbursed for two other relatives. Such generous treatment greatly improved the employees' satisfaction level. They worked even harder to be judged as outstanding employees, which gradually increased the efficiency of the business.

Wanda's management approach not only made employees feel valued, but also contributed to increasing the employee retention rate. Compared to other businesses in the industry, Wanda's employee turnover was the lowest.

Most of the world's top businesses emphasize employee care in their company culture. For that reason, if Wanda wished to become a top-level company, it had to adopt a people-centred approach.

Wang Jianlin's thoughts regarding this matter can be summarized in the following way.

First, at its most fundamental, a company is a social institution. It is not a simple tool used by people to chase after profits, as portrayed in theoretical or "blackboard" economics. Companies satisfy people's need for coexisting with others in mutual trust and jointly striving for a purpose. An enterprise brings people together and allows them to maximize the productive forces within society. At the same time, it makes people undertake duties and responsibilities that come with coexisting with one's environment. People are constantly influenced by new information, thoughts and beliefs. When a company lacks an environment which helps people to stretch their abilities and encourages them in mutual communication and understanding, then its employees will naturally take no active part in contributing.

Secondly, employees should be a bridge for connecting the company with clients and with society. Creating client value is the basis for the survival and growth of any enterprise. How, then, should an enterprise find out and cater to clients' needs? By relying on grass-roots employees.

The basis of enterprise development and expansion is reliant on the work efficiency of grass-roots employees. If a company does not practise a people-centred approach and does not take good care of its employees, then the link between employees, clients and society will be broken. The resulting situation is unfavourable for the long-term development of the company.

This is why a company should set up a people-centred approach by taking good care of all its employees. Only then can the company's employees do their utmost for the growth of the business by connecting the company with its own clients and with society at large.

Thirdly, the company should strive to unleash the creativity of its employees. Within the current concept of modern management, the creativity (or lack thereof) of a company's employees is an important determinant of whether or not the business can sustain growth. Only when a company does not focus solely on profit, but also remembers to treat its employees humanely, can it hope to fully unleash the employees' creativity, and in so doing maximize the company's value.

If the employees work in a hostile environment full of envy and petty scheming, where would they find the energy for being creative? This is why a company should provide its employees with a comfortable environment. In this way, the employees will be able to feel relaxed while at the same time automatically improving the company's core values.

Wanda's people-centred approach – the provision of an excellent working environment, the system of positive encouragement and the generous treatment of its employees – all helped to attract talent on an even bigger scale. It provided a never-ending pool of resources for driving the company's development.

THE WAY TO INNOVATION

One of the overriding themes of Wanda Group's course of development is the shining glory of "innovation". It is safe to say that innovation played an irreplaceable role in bringing about Wanda's successes. Wang Jianlin valued the company's ability to innovate. He once said to the media: "In my opinion, the company's profitability and innovation ability are our core competitive advantages."

Wanda Group put a high value on innovation from the start, in its business model, marketing, thought and management style. This is how Wanda was able to pioneer countless "firsts" in the real estate industry.

In 1989, Wanda made itself heard in what was then a very chaotic real estate market by breaking through the limit on the standard surface area of a flat. This was a first in the real estate market. Naturally, it roused exclamations of astonishment from the public. Furthermore,

Wanda Group also introduced novel concepts in interior design, such as bathrooms and hallways with windows, which left an even deeper impression on the public.

Three years later, Wanda led the way in introducing European-style mansions andresidences. This innovative move then set off a European-style trend in the real estate market.

Looking back over Wanda's numerous innovative moves, the most representative of them all must be the group's contract model. This model has prevailed since 2001 and its success has been astonishing. Wanda's contract real estate model allowed it to get ahead of its competitors, while at the same generating considerable profit.

Many experts have agreed that this kind of commercial model could not be replicated. Each time Wanda imported its model into a new city, the location it chose was bound to become the city's busiest place. It propelled the city's economic development and tax revenue. It was widely believed that no other company could achieve this. No company but Wanda could attract both Chinese and foreign business and create a frenzied scuffle to secure a spot in the Wanda Plaza. Equally, no other business could enter a new city and secure rent contracts before building a shopping mall, as Wanda did so as to guarantee the launch of a fully operational, bustling plaza.

Wanda's innovative commercial model was highly praised by the Chinese government. It was also loudly praised on the international scene. Undoubtedly, this commercial model was a success. What, then, led to this commercial model being adopted by Wanda?

First, this approach was required in order to realize Wanda's business concept of becoming an enterprise spanning a century.

Wanda's corporate philosophy today centres on: "Wanda International, an enterprise spanning a century". In order to fulfil this ambition, there must be a stable material base as well as an enterprise culture. As for an enterprise culture, Wanda already has one. Simply speaking, a stable material base means long-term stable cash flow. Wanda's main aim in constructing shopping centres was precisely to obtain a stable cash flow.

After thorough discussion and analysis, the management of Wanda Group decided to resolve the problem of stable cash flow by leasing commercial properties. In practical terms it meant taking on low-risk but large-scale projects and leasing property to Fortune Global 500 companies. In accordance with this idea, Wanda partnered with Wal-Mart. The first of their joint collaborative programmes was successful, which facilitated Wanda's continued reliance on this model.

Secondly, China's joining of the World Trade Organization required higher standards of Chinese enterprises as a result of the fiercely competitive environment.

There were two main faults with China's traditional retail industry. Firstly, the retail sector was monotonous. With China's entry into the WTO, China opened up its retail industry to the world. The internationally popular one-stop retail business model started to seep into China. This was a major blow for China's traditional retail industry. In view of this, Wanda decided to build one-stop shopping malls, which satisfied both the consumers' demand and the market demand for the retail industry.

The other fault was that the Chinese retail industry preferred a solitary model. Traditional retail industry almost solely consisted of stand-alone businesses, which was not suitable for the developmental path that the Chinese retail industry was to follow later. The main reason why WalMart, Carrefour and similar large enterprises enjoyed high sales as well as consumers' approval was that they pooled their procurements and sold their products at low prices.

In fact, the most popular trend in the global retail industry was the retail chain operating model. An enterprise could only bulk-buy if it had managed to establish this model. Only then could it afford to lower prices and achieve a competitive advantage.

With this in mind, Wanda Group, like the chain stores, satisfied people's demand for basic necessities by building a Wanda Plaza each time it opened up a new destination. These practices made Wanda stand out from its competitors in the real estate sector and gain the public's trust. It was with these considerations in mind that Wanda decided to put into effect the contract real estate commercial model.

The third advantage of the contract real estate model was that it could be governed by transnational business management rules. Most of the largest transnational companies operate on a franchising business model. An example is the well-known American company Yum! Brands, which operates licensed fast-food brands including KFC and PizzaHut. The company runs over 1,000 restaurants in China, but only owns one of them.

Wal-Mart, another well-known enterprise, has close to 5,000 stores around the world. The majority of the stores are franchises, less than 20% of stores having their own property rights. We can say that the majority of transnational enterprises, apart from the manufacturing industry, rely on the franchising business model. Upon seeing this trait, Wanda put into effect its contract real estate strategy to attract these transnationals to lease Wanda stores.

Lastly, there was room for expansion in the Chinese market. The population of the US was barely 200 million, yet there were over 10,000 shopping centres. China's population was over 1.3 billion, with room for constructing 20,000 shopping centres. The average salary in China undoubtedly lags behind average US salary, yet it is estimated that by 2020 the average salary in China will reach the current value of Singaporean salary. Looking at it from this point of view, China had great potential for the construction of shopping centres. This was also in accordance with Wanda's enterprise culture and its ambition of becoming 'an enterprise spanning a hundred years'.

Moreover, the contract real estate commercial model was unique in the way it benefited the nation and the people – the Wanda Plazas built by Wanda Group created more job opportunities on the local level while at the same time greatly contributing to local tax revenue.

Besides, whenever Wanda opened up a new city, the multistorey buildings it put up always became symbolic landmarks of each city. This improved the city's image at a business level, which greatly helped the government in inviting investment into the city. Because of this, governments actively supported the building of Wanda Plazas.

It is clear that the innovative contract real estate commercial model complied with market demand and satisfied consumers' requirements for the retail industry. It also greatly contributed to improving the government's performance. More importantly, this commercial model generated a healthy profit for Wanda Group.

There were many more innovative moves in the course of Wanda's development – among others, Wanda was the first enterprise to take on the renovation of crumbling old cities, and the first to practise a cross-regional development strategy. This series of innovative moves enabled Wanda to become a leading Chinese business and at the same time helped to accomplish Wanda's economic miracle.

COMMERCE AND POLITICS

People like to compare the words of those entrepreneurs who stand in the spotlight. The majority of these are Wang Jianlin's friends and peers. Although each of China's richest entrepreneurs has different opinions and a different personal background, they all to some extent interact with politics. Ren Zhiqiang – nicknamed 'Big Gun Ren' when it comes to debating public issues – often comes up with some startling statements during his participation in the administration and discussion of state affairs. During two meetings in 2014 (the National People's Congress and the Chinese People's Political Consultative Conference), he expressed his opinion on housing prices: "China should not levy property tax on private home owners since they do not own the land. The ongoing property tax is not based on land. Instead, rural land and collectively owned land, in fact all land that is profitable, should be taxed."

Another real estate magnate, Pan Shiyi, who often interacts with Ren Zhiqiang on the Weibo microblogging site, is even more of an entrepreneurial star in the public field. His proposals to the government were once criticized as "representing his own interests". During two meetings in Beijing in 2009, Pan Shiyi made three suggestions: "Number one – decrease the rental tax on commercial real estate property; number two – remove the bar on owning more than two houses in Beijing; number three – make the land market more transparent." Some felt that suggestions such as "reducing rental tax on commercial real estate property" or "making the land market more transparent" were more in the interest of his company than the public interest. Pan Shiyi's argument was that first and foremost these recommendations were to safeguard the interests of the individual, and the interests of the industry were only secondary. The unfavourable public perception may have influenced Pan Shiyi's later views. In 2013, he turned his attention to environmental protection. He funded the procurement of devices to monitor the level of PM2.5 (a measure of particles and droplets suspended in the air) and called on the public to pay attention to the environment. He also proposed the introduction of two types of property tax, where people could choose whether they wanted to be taxed based on area or based on the number of properties.

The real estate entrepreneurs who participate in the administration and discussion of state affairs do their best to avoid the topics in which they have a close personal interest. The dual identity, mixing politics and business, is a doubleedged sword. Although in some aspects it might be beneficial to society, in others it might result in overlooking serious threats. Compared to full-time parliamentary members abroad,

Chinese entrepreneurial committee members are more effective at inciting a sense of public responsibility and raising queries relating to the interests of the individual.

Wang Jianlin and other real estate magnates are still in the process of trying to figure out where their place is in the limbo between the commercial and the political worlds. Beyond that, with the economic and social transformation taking place, the future may be fraught with risk.

As for the relationship between enterprise and government, Wang Jianlin stated in an interview with the media: "People should not think that we have the same interests or that we are good mates. There is only one reason why Wanda has been able to navigate the political waves, and that is because we always tried to protect ourselves."

Wanda's success is not tied to the government. Instead, it is reliant on Wang Jianlin's correct understanding of politics. In his daily day-to-day management, he pays special attention to the Party's involvement within the company.

As a model example of Party building in a private business, Wanda is often visited by Party officials from government institutions at all levels for the purpose of learning by observation. In recent years, government officials visiting Wanda have included high-ranking officials from the Central Organization Department, leaders from the National Party Committee and the vice-secretary of Liaoning province.

Each time Wanda Group starts a developmental project in a new city, it sets up a Party organization department which is of equal importance to the project department or other key departments. Joining the Party is extremely important within Wanda Group as "Party members have significant advantages over non-Party members, ranging from social benefits to career advancement. This method is rarely seen among private businesses in China."

The attention Wanda attaches to Party building projects is reflected in the annual ceremonies to honour the Party. In 2010, during a major development project in the Changbai Mountains, 58 new Party members gathered by the Yang Jingyu Martyr Cemetery to pledge their vows in honour of the 89th anniversary since the founding of the Party. On 1 July 2011, a Party anniversary, 90 new Party members got a chartered flight to Ji'an city in Jiangxi province to conduct the admission ceremony in the Jinggang Mountains.

Wang Jianlin once remarked that "understanding government policies, following in the Party's footsteps and maintaining good relationships between politics and commerce are the basis for Wanda's development". This statement appropriately reflects Wanda's amicable and harmonious relationship with the government. In addition, Wang Jianlin reads the Party newspapers every day and researches new policy directions.

Wang Jianlin's diligent and smart management won him the government's approval and praise. He was given an audience with state leaders at the National Work Conference on the Development of Private Enterprises on 21 March 2012. The next day Wang Jianlin was one of the few guests invited to take part in the Party building forum and share his experience with Party building in his enterprise. On 10 April of the same year, he received an audience with state leaders as the representative of the winners of the China Charity Awards.

Clearly, by keeping pace with government policy, Wang Jianlin has ensured that Wanda would not err from the right path.

CLOSE TO POLICY, FAR FROM POLITICS

Wanda clearly had a good standing in terms of Party building projects. Wang Jianlin, as a member of the Chinese Communist Party Central Committee (CCPCC), differed from other celebrities or entrepreneurs who only knew how to raise hands in agreement. He showed his individualism to an appropriate degree, using his public reputation to carve out an imperceptible sphere of influence on the limited political scene.

Wang Jianlin directly pointed out during the two sessions in 2012 that the proposal he had submitted the previous year not only did not pass, but was also negligently discarded by the Ministry of Finance. Even today, many of the journalists who attended the two sessions still talk about this.

During the two sessions in 2011, Wang Jianlin submitted a proposal to reduce import tariffs on luxury goods. In order to give more weight to the proposal, he spent over a million yuan on hiring market research firm Nielsen to conduct a survey overseas and collect data on the consumption of luxury goods in China. Wang Jianlin proposed that the State Taxation Administration and the General Administration of Customs, driven by the Ministry of Commerce, jointly introduce a new policy to reduce the import tariff on luxury goods. The idea was that the new policy would attract Chinese luxury consumers, who were becoming more numerous with every passing day, back to China. In doing so, the pace of economic transformation would pick up.

The proposal did not disappear without trace. Wang Jianlin revealed that it gained the agreement and support of some government leaders, but "unfortunately, the proposal failed to be implemented." After the two sessions in 2012, the ministries involved sent a special letter to Wang Jianlin, expressing their gratitude for the attention he was paying to the country's financial matters. Later on, though, they stated: "Import tariffs are not the reason that luxury goods are expensive, since upon calculation, import tariffs on average only make up roughly 2% of the retail price."

"They are trying to fool me," Wang Jianlin said after reading the reply. "I have put great care into preparing this proposal. If we can reduce import tariffs and bring Chinese people's overseas spending back into China, it would be beneficial both for increasing consumption and for creating new jobs."

In order to ensure that each proposal had been carefully read and that each member's suggestions were thoroughly considered, the organization department asked for feedback upon processing each proposal. The choice was between 'satisfied', 'somewhat satisfied', 'dissatisfied' and 'very dissatisfied'. Without hesitation, Wang Jianlin ticked 'very dissatisfied'. In the follow-up to this matter, the Ministry of Finance in the end offered an explanation for the decision, but Wang Jianlin was not at all satisfied with the explanation.

In fact, the quality of recommendations and proposals of CCPCC members as well as the sincerity of administrative bodies' replies and similar confrontations have been hot topics at National People's Congress (NPC) and CCPCC sessions during recent years. Although Wang Jianlin was dissatisfied with the outcome of his proposal, he continued to fulfil his role in the discussion of state affairs with as much enthusiasm as before.

During the two sessions in 2012 where Wang Jianlin 'bombarded' the Ministry of Finance, he also proposed another motion, namely "to restore prime 30% discounted interest rates on loans for first-time home buyers and for first-time house upgrades".

The government's slogan for that year was "to facilitate the return of house prices to a reasonable level". Howev er, Wang Jianlin thought that "even if the national average house price fell by 20%, the common people would not gain any advantages from that." This was because at the same time as the state exercised macroeconomic control of the real estate industry to push prices down, one bank after another responded by abolishing the policy of 30% interest discount on loans for first-time house buyers. Consequently, the house buyers' burden was not lightened at all. On the contrary, for some people buying a house was made even more difficult.

In Wang Jianlin's opinion, of all the parties involved in the macroeconomic adjustment, including the government, real estate industry, house buyers and banks, the only party that walked away laughing was the banks. The other parties gained no benefit from the adjustment.

Wang Jianlin did not directly express his objections to the macroeconomic adjustment of the real estate sector. Instead, under the precondition of showing his approval, he expressed the hope that banks could restore the prime interest rate on house loans. Doing so would stimulate house buying among the middle class. Furthermore, house buyers would see more tangible benefits and the real estate market would be revitalized. It is clear that Wang Jianlin had a sharp perception of the public's intentions and of the government's direction of development.

In view of his status as a member of the Central Committee, Wang Jianlin said that as members of a new social class, private entrepreneurs not only had to perform philanthropic acts, they also had to possess a sense of responsibility towards society. They should take an active part in politics and not underestimate their responsibility to the nation's democracy. This was the duty the new social class should take on.

Apart from his sharp criticism of state organs, Wang Jianlin on many occasions expressed the restraint the economic environment imposed on entrepreneurial spir it. What concerned him most was that in today's China, it was increasingly hard to find an outstanding entrepreneur. Although the commercial world in 1980s China was highly turbulent and the first generation of entrepreneurs advanced warily, they, on the other hand, had no lack of daring commercial ambitions.

He declared: "The greatest problem China is facing today is not whether the economy grows at a slower or faster rate. The greatest problem is the lack of entrepreneurial spirit. At the end of the 80s and beginning of the 90s, many government officials, army officials and professors braved the entrepreneurial ocean, wondering from place to place and doing business in hope of becoming rich. But now, many people do not have the courage. The Chinese entrepreneurial environment, public opinion environment, capital environment and institutional environment are increasingly favourable towards the growth of large companies and do not encourage the development of small entrepreneurs." At present, increasing numbers of entrepreneurs value enjoyment. They no longer insist on the success and improvement of their businesses. They retire from business as soon as they see some results and abandon the companies that they had once struggled for. This was a frequent cause of sadness to Wang Jianlin, who warned that "if we get to the point where the majority of entrepreneurs no longer have the spirit to fight, when they have all sold their businesses and retired to enjoy life, then our country will be finished."

It was Wang Jianlin's awareness of the situation that drove him to take part in discussions on state affairs, so that he could adjust and push through the relevant policies that might bring about an environment favourable to entrepreneurs. Apart from the formal recommendations passed during official NCP and CCPCC meetings, Wang Jianlin expressed his opinions on people's livelihoods, house prices and similar hot topics in daily life through the media.

Since 2014, the Chinese real estate market has been experiencing a period of downturn, with turnover falling continuously. Some of China's first-tier cities have even witnessed turnover dropping by over 50%. Many have linked the downturn with rumours of the 'collapse' of the real estate market, and real estate magnate Wang Shi predicted that the Chinese market was going to get into a very bad state that year.

Wang Jianlin responded to this mood in February 2015, saying that "the argument for the collapse of the Chinese market is only a continuation of the former argument." He retained his own opinion on the matter throughout. As early as ten years before, there were already those who proclaimed the collapse of the Chinese real estate market. This opinion was echoed by a number of professionals in the field as well as by some renowned economists. Ten years later, however, the Chinese real estate market was still standing.

Wang Jianlin clearly had great confidence in government regulation: "China's level of urbanization has not yet reached 40%. At a work conference on the new type of urbanization at the Third Plenary Session of the Eighteenth CCP Central Committee, urbanization for the first time became one of the central tenets of economic development. It was recognized as a major driving force in stimulating economic development."

In this situation, of course, Wang Jianlin's status was somewhat vague. As a real estate developer himself, it was likely to seem that he was mustering support for the benefit of his own industry. Wang Jianlin's basic strategy for the relationship between politics and commerce was to stay close to the government but keep himself well away from politics.

In his role as a CCPCC member, Wang Jianlin preferred to adopt an active yet non-radical stance in debating public affairs. This was enough to show his willingness to participate in an appropriate manner. In other words, he was able to find the balance between activism and radicalism.

THE FRAGRANCE ALWAYS REMAINS ON THE HAND THAT GIVES THE ROSE

Wang Jianlin gained immense wealth from his operations in commercial real estate and in the cultural field. This allowed him to become a generous philanthropist.

Wanda, under Wang Jianlin's guidance, has always emphasized its charitable contributions, as well as its achievements in the field of public interest. The company and the chairman's awards in the philanthropic sector are listed under 'corporate social responsibility' achievements on Wanda's official website.

When a 6.5 magnitude earthquake struck Ludian county in Zhaotong city, Yunnan province, on 3 August 2014, Wanda immediately decided to donate ¥10 million to the disaster-stricken area.

Wanda has already taken the lead many times in responding to natural disasters. After the massive earthquake in Wenchuan county, Sichuan province, in 2008, Wanda immediately donated ¥5 million. This sum was thereupon repeatedly increased, reaching a total sum of ¥359 million. When five south-western provinces, including Yunnan, Guangxi and Sichuan, were struck by the worst drought in a century, Wanda donated ¥40 million. Only a month later, in April 2014, Yushu county in Yushu Tibetan autonomous prefecture, Qinghai province, was struck by a 7.1 magnitude earthquake. Wanda donated ¥100 million to the quake-damaged area.

Since its foundation, Wanda has donated more than ¥3.7 billion to philanthropic causes over the course of more than 20 years. This is the largest amount of any private business in China. Wanda has been awarded the China Charity Award, given by the Ministry of Civil Affairs, seven times more times than any other private business.

Wang Jianlin's contribution to philanthropy and the public good has won many honours. He is the honorary president of the China Charity Awards Association. He has also won the title of 'Model Individual for Supporting the Handicapped and Disabled', awarded by the State Council, as well as the title of 'Model Individual in Earthquake Relief Work' by the CCPCC, the State Council and the Central Military Commission.

Wang Jianlin has also taken an active part in bringing innovation to the philanthropic sector. In 2013, Wang Jianlin launched a charitable programme under the name 'student entrepreneurship contest'. The programme is planned to stretch over a period of ten years, up until 2023. A total of ¥500 million is pledged to be invested. Each year, a hundred outstanding start-up entrepreneurial teams or individuals are chosen. Each is rewarded with a start-up capital of ¥500,000, which adds up to a yearly investment of ¥50 million.

Furthermore, Wanda established a core value system which professes that "material value is subordinate to individual value, individual value is subordinate to corporate value, and corporate value is subordinate to social value." In other words, social value is the most important value for Wanda. If there is a conflict between the interests of an individual, corporation and society, then Wanda must do that which is in the interest of society. Wanda has always emphasized the need for shouldering social responsibility.

In the early days of the company, Wanda was in the initial phase of development and certainly had no excess of money. However, when Wang Jianlin heard that the teachers in the Xigang district in Dalian wanted to build a kindergarten but lacked adequate funds, he gritted his teeth and donated ¥1 million from the company's modest cash flow.

In 1991, Wanda provided ¥2 million to rebuild the People's Square, converting the cement-covered area into a green space. At the same time Wanda also bought the irrigation equipment needed for the upkeep of the square. In those days, domestically produced irrigation equipment only cost ¥700,000, but it had a very short service life. When Wang Jianlin learned this, he resolutely decided to buy imported platinum irrigation equipment – it could last for over 30 years and it was computer-operated. Although the technology used was comparatively advanced, the price was also accordingly high – ¥2 million. Looking back, Wang Jianlin's decision was very wise: the imported irrigation equipment has now been in use for 22 years and it is still in good condition.

In 1993, Wanda donated ¥20 million for the construction of Dalian

Xigang Stadium. In those days this was an astronomical figure, but Wang Jianlin was more concerned with building up Dalian.

As Wanda increasingly grew, its philanthropic activities also witnessed an enlargement. In August 2008, upon hearing news of the massive landslides in Zhouqu county in Gansu province, Wanda immediately called its the board of directors together to discuss the matter. In the end, Wanda decided to donate ¥10 million to the Zhouqu area via the China Charity Federation.

According to some sources, Wanda's donation of ¥10 million was the first significant sum of money the disaster-hit Zhouqu county received in the wake of the landslides. Wand's determination to be in the forefront reflects a deep love for the motherland as well as a steadfast upholding of morality.

Wanda also placed emphasis on philanthropy in education. Since its foundation, Wanda has donated funds for the building of over 40 "Hope" primary and middle schools. An example is the Wanda-funded Huafu Middle School. Originally, Wanda was planning to build a primary school. Research, however, showed that there was a surplus of primary schools in the Xigang district, but the area was short of middle schools. Wanda thereupon decided to increase its investment by ¥50 million and built a middle school instead of a primary school – Huafu Middle School, in a prime location in Dalian city centre.

Wanda also built a swimming pool, tennis courts and an indoor gym for Huafu Middle School. It was very uncommon in China for a middle school to have such lavish facilities.

In 2003, Wanda donated ¥50 million for the construction of a middle school affiliated to Changchun Normal University. Once built, the total area of the school reached 40,000 square metres, which included 48 classrooms.

Wanda has also donated money to universities. For example, in 1994 the group gave ¥500 million in donation to Dalian University.

At that time Dalian University had only recently come into being as result of the merging of the Dalian Institute of Technology, Dalian Medical College and Dalian Teacher Training College. The facilities of the newly formed university were below standard and the university was issued with a yellow-card warning by the Ministry of Education. Furthermore, the Ministry of Education decided the university no longer had the right to enrol students. In view of this situation, Dalian city government hoped that Wanda, as one of the most advanced enterprises in the city, might be able to donate funds to the university to facilitate a prompt building of a new campus.

Wanda was under a lot of pressure at that time, but in the end it successfully managed to resolve all existing problems and construct a new campus for Dalian University. Wanda subsequently donated ¥25 million to Dalian University.

As well as all this, Wanda considers its employees' charitable activities to be on a par with the company's own achievements. In Wanda Group, employees' charitable work is closely linked to their performance. Charitable work, like contributions to the company, generates rewards and promotions. Wanda has drawn up a list of standards and regulations to govern the system of rewards.

One of Wanda's employees is Yang Ying, who works in the real estate department. When he first started working at Wanda, his monthly salary was just over ¥1,000. Although his salary was not very high, he still made the effort to spare some of his free time for charitable work. At the weekends, he used to go to 'Love at the Seaside' children's village to give free lessons to local children. As the village was located far from Dalian city centre, Yang Ying had to spend several hours on public transport, taking multiple buses. He moved house several times to make the journey more convenient, in order to be able to look after the children better. And so it was that Yang Ying quietly provided the children with compulsory education. After two years his colleagues brought up his story at a company presentation and only then did the company management find out about his charitable deed. As a result, his salary was doubled and he was promoted to deputy manager of the real estate department.

Naturally, Yang Ying's story is not the only example. Li Jianmin is the deputy general manager of Wanda Nanchang real estate. He has been doing charitable work for over ten years and has even sponsored the studies of dozens of orphans who had dropped out of school. He had, however, never told anyone about all this.

Li Jianmin once had business to do away from the office. As he passed over Ganjiang bridge, he saw a van rolling down the bank into the river. There were plenty of witnesses to the accident and many onlookers surrounded the scene, yet no one stretched out a helping hand. Upon taking in the scene, Li Jianmin immediately got out of his car and jumped down the embankment to save the driver. It was raining that day and the embankment was steep and slippery and over 10 metres high. It was no easy thing to pull the driver up. Li Jianmin did not give up, though. He gathered all his strength, he crouched down and pulled and pushed until he finally managed to drag the man up.

Coincidentally, a reporter from Nanchang TV happened to be passing by, and filmed Li Jianmin rescuing the man from the river. Later on, when the story was broadcast by Nanchang TV, Wanda management found out about Li Jianmin's brave deed. When they got to know him better, they discovered that he had been working for charities for ten consecutive years; they also learned of Li Jianlin's sponsorship of orphans. Wanda's leadership had deep admiration for Li Jianmin – it is not hard to do a good deed occasionally, but to persist in it for ten years is no easy feat.

In order to commend Li Jianmin, Wanda invited him to give a speech at Wanda Group's annual general meeting. The leadership then praised him and urged other employees to learn from him. In addition, Li Jianmin's salary was increased to the next level up and he was promoted to general manager.

Wanda's strong sense of social responsibility is reflected in its reward system for employees who do good deeds. Charity has become common practice with Wanda employees. Many companies find themselves in the situation where the boss participates in charitable activities that benefit society, but the company's employees take no active part in it. In truth, charitable work is not only the chairman's concern. It is important to create an atmosphere of commonplace charitable work within the company in order to nurture the loving hearts of every one of the company's employees.

Wanda's corporate culture is centred on benefiting society and shouldering social responsibility. Under the influence of such corporate culture, charitable work among Wanda employees is widespread. Each year, new Party members also embrace this spirit, as if to pass on the knowledge to younger generations, and have taken the initiative in donating funds to poor regions and sponsoring the education of orphans. In addition, each of Wanda's subsidiaries has set up a volunteering station. Each Wanda employee is required to do at least one hour of voluntary work a year.

The charitable trend that prevails among Wanda's employees was only made possible because of the way in which Wanda attaches importance to and supports charitable acts through establishing a strong, long-lasting corporate culture.

AFTERTHOUGHTS

Wanda's many different lines of business are the result of the company's horizontal diversification development strategy. They all face the same opportunities and pitfalls, be they Wanda department stores, Wanda cinemas, Wanda commercial real estate properties or

Wanda Tourism holdings and luxury hotels. In reality, the greatest risk Wanda faces is difficult to overlook. It comes in the form of business cycles.

During the past 30 years, the rapid development of China's economy has been a crucial element in the rise of the Wanda Group. Similarly, the recent economic downturn will pose a serious threat.

The downturn will affect Wanda's main lines of revenue, especially the sale of residential and commercial real estate. In addition, Wanda department stores, hotels and tourist sector will also suffer a major blow. The Wanda Group's industry characteristics and business volume make the company even more dependent on business cycles.

There are diverging views within society on the future of China's economic development in regard to the real estate market since 2012. Rapid changes of opinion have had far-reaching consequences.

Regarding Wuxi's Wanda Cultural Tourism City, Wang Jianlin has accused those who predicted the collapse of having ulterior motives. He, on the other hand, was very optimistic about the future of China's economy. He believed that because China's level of urbanization was only at 51%, this meant that a further 250 million people were yet to move to the cities before China reached a level of 75% – the same level as developed countries in the West. This presented a massive demand pool yet to be tapped.

Wang Jianlin's optimism even led him to predict that the size of the Chinese economy was going to overtake that of the US by the year 2022 to become the world's largest. It was on this basis that Wanda Group continued investing large sums of money in growth.

The figures for 2014, however, revealed an evident decline in the real estate market. In first-tier cities – Beijing, Shanghai, Guangzhou and Shenzhen – the volume of sales had declined by almost 30%. Consequently, large amounts of inventory and vast numbers of empty housing units led to widespread fiscal tightening measures within the real estate industry. A good number of developers went bankrupt as their cash flows ran dry.

Wang Jianlin's predictions only referred to theoretical growth potential. In fact, in the world history of economic development, it was rare to see a country that could retain continual growth for 30 years, as China had. Wang Jianlin's projection of continuing growth for another 20 years was almost unheard-of.

According to the figures published by the National Bureau of Statistics on 16 July 2014, the total floor space of commercial housing sold was 483.65 million square metres for the first half of 2014, which was a 6% decrease from the previous year. The revenue from sales equalled ¥3.1 trillion, which was a decrease of 6.7% compared to the same time the previous year. It is clear that the development of the real estate sector had slowed down and the speed of investment had decreased.

The real estate sector had witnessed a "great leap forward" in recent years. In addition, many real estate developers that sought to imitate the Wanda way, such as Joy City Property, R&F Properties and others, had entered the market. Consequently, not only did the sales slow, but it also became more difficult to attract investment. Rents were also pushed down as a result. All of this posed a direct threat to Wanda.

Since June 2014, more than ten local governments have cancelled purchasing restrictions on houses. The central government introduced a quantitative easing policy in which the central bank lowered the reserve ratio for China Development Bank. This injected more money into the economy and furthered the rebuilding of shanty towns, the expansion of high-speed rail and other infrastructure projects. It was expected that the monetary policy was gradually going to loosen. From Wanda's point of view, such policies reduced capital and financial costs in the short term. At the same time, they helped to prop up Wanda's various industries, such as the real estate sector.

While the commercial landscape was governed by business cycles, e-commerce transformed the commercial model. All these developments posed great external challenges to the Wanda commercial model. As for Wang Jianlin and his Wanda, they faced two further important challenges: how should the Wanda management structure maintain efficacy, and how should Wanda keep hold of its ever-expanding commercial empire?

During the early days, Wanda's management model was based on that of Wal-Mart. It was an operating model with a centralized form of management. With time, assets and operating scale multiplied day by day and the business increasingly expanded into more regions, yet at the same time it became more fragmented. In such a situation, if Wang Jianlin wished to hold his ground, he had no choice but to pay more attention to business management, organizational adjustments and risk control.

Currently, there is a total of ten core departments in Wanda's management structure: strategic management, investment management, financial management, HR management, leasing, planning, project management, marketing, operational management and information.

Wanda's information management system consists of infrastructure, an information portal and management platforms. It provides a platform for the bidding system, a project process management system, an operational management system, a sales management system, financial management and an HR management system. The office automation system serves as a work platform for coordinating all that goes on within Wanda Group. Its major functions include document management, process approval management and press release coordination.

Wanda Group employs over 100,000 people. It has business in more than 90 cities across China as well as having wholly-owned subsidiaries across the world. As the business spans the commercial real estate sector, department stores, cultural tourism, e-commerce, investment and finance, the management challenge this poses is immense. How can one maintain efficacy and encourage innovation within such a massive organization? How can the company be prevented from falling into the bureaucratic trap characteristic of large enterprises? The successful resolving of such questions can be attributed to Wang Jianlin.

Contrary to the popular opinion that Wang Jianlin has moved away from key decision-making, recent media reports have suggested that he is still at the heart of Wanda and that, as ever, Wanda's major policy decisions largely depend on him. Since Wanda is a not a public company, the outside world can only ever have an incomplete impression of what is going on within, so there is insufficient evidence to form any firm conclusions.

Wanda Group is still Wang Jianlin's private company. Even though Wanda's subsidiaries, Wanda Commercial Properties and Wanda Film Holdings, are equity carveouts, Wang Jianlin still remains the controlling shareholder. In terms of equity, Wanda Group is a 'family business'.

A management problem that the group still faces today is a shortage of available talent. As Wanda's industry scope increased in variety, lack of suitable talent remained a hotly debated issue within the company. When an enterprise reaches a certain point in growth, especially if it is an enterprise that operates in multiple industries, then talent gradually becomes the most important resource. Wang Jianlin stated that in order to find the right people, he was willing to search the whole world. Wanda would spare no financial reward in attracting the right talent.

There are 50 or so headhunting companies that channel talent in Wanda's direction. In addition, in order to resolve the problem of lack of talent, Wanda established the 'Wanda College', which helps to nurture interdisciplinary talent.

Though still full of vigour and ready to work for Wanda Group for many more years to come, Wang Jianlin already has a designated successor – his only son, Wang Sicong. Wang Sicong was educated in Great Britain. He is on the board of directors of Wanda Group but also runs his own investment company. It is said that Wang Jianlin gave him ¥500 million to start a business, on the basis that if he lost all of the starting capital, he would have no choice but to work for Wanda.

At the time of writing, however, Wang Sicong's investments have turned out well. In addition, using his aura as the son of the richest man in China, he has managed to gather a good number of fans on Weibo and similar social media platforms. He has developed a unique style of engaging in public debate. Although this kind of celebrity status might not be in accordance with Wang Jianlin's hopes, it makes him more than capable of becoming Wang Jianlin's painstakingly nurtured successor. When the need arises, he can step in to pick up the baton and take his place at Wanda's helm. For the time being there is no need to worry: Wang Jianlin is still in his prime and has no plans to leave.

APPENDICES

TRANSCRIPTS OF
TWO RECENT PUBLIC
SPEECHES
BY WANG JIANLIN

APPENDIX 1

REPORT ON THE WORK OF WANDA GROUP IN 2015

(XISHUANGBANNA, YUNNAN PROVINCE, 16 JANUARY 2016)

Today, we are holding Wanda Group's 2015 annual meeting at the resort that we have built in the beautiful city of Xishuangbanna. Yesterday, we all had a chance to visit the resort and try out what it has to offer. I believe everyone is still immersed in the joyful surprise. Here, I, on behalf of 130,000 Wanda employees, would like to extend a warm welcome to all representatives attending the annual conference.

There are two parts to my report today:

PART I: REVIEW OF MAJOR ACHIEVEMENTS IN 2015

In 2015, both the Chinese and global economies continued to worsen. The world was faced with severe new threats in the form of terrorism. Without doubt, we were facing many problems. Despite such dire circumstances, Wanda Group still performed well. This was thanks to the correct decisions made by the board of directors, the outstanding work carried out by the executive team headed by president Ding and, most importantly, thanks to the joint effort of all Wanda employees.

WANDA OUTPERFORMED ITS ANNUAL TARGETS

In 2015, the value of Wanda Group's total assets (according to cost method data) reached ¥634 billion, which is a 20.9% increase from last year. Total revenue equalled ¥290.16 billion, outperforming the annual plan by 9.3% and up by 19.1% from last year. The estimated net prof it (unaudited) is also predicted to be significantly higher than last year.

Wanda Group's subsidiary Wanda Commercial Properties Company had an annual revenue of ¥190.45 billion, fulfilling the annual target by 101.3%. This was a 4.4% increase from last year. Of this, the revenue from real estate contracts was ¥164.08 billion, fulfilling 101.5% of the annual target with a 2.5% increase from last year. There were 26 newly opened Wanda Plazas. Wanda Plazas' total rental revenues reached ¥14.4 billion, 101.1% fulfilling the annual target with a 30.7% increase from last year. This is good news. Due to the substantial increases in rent, rent collection rate and property management fee collection rate were up 100%. Net rental profit as a percentage of net Wanda Commercial Properties profit is expected to exceed 35%, which is a 5% increase from 2014. Wanda Commercial Management Co. Ltd achieved a rental collection rate of 100% for three consecutive years. Ten new hotels were opened this year with a total number of 21,961 guest rooms. Annual revenue from hotels equalled ¥5.24 billion, achieving 101% of annual targets. This is 22.5% up from last year. Hotel owners' profit reached ¥710 million, meeting targets by 119.7% with a 22.4% increase from last year. 4.755 million square metres of property were added, bringing the total property area to 26.321 million square metres (excluding property owned by Wanda Group).

Wanda remains in the lead worldwide. There were 4.62 billion visits to Wanda Plazas and Ffan partner shopping malls. Of these, visits to Wanda Plazas added up to 2.03 billion. Wanda Commercial Properties successfully hosted the ninth Wanda Annual Commercial Conference. Over 3,000 businesses and more than 10,000 people attended the conference. The conference evolved from a mere company meeting to an industry-wide event that provided both an online as well as offline platform, fully accessible to the outside world. Wanda Commercial Properties is hosting the tenth annual conference this year. Ten is a significant milestone. I hope Commercial Management does a good job of hosting this year's annual conference. Revenues from Wanda Commercial Properties' other lines of business added up to ¥6.73 billion.

Wanda Cultural Industry Group's annual revenue reached ¥51.28 billion, completing 114% of the annual target and rising 45.7% compared to last year. AMC Theatres outperformed its annual targets. Wanda Cinemas' revenue added up to ¥8 billion, achieving 120.4% of the annual target and increasing 49.9% from last year. The box revenue totalled ¥6.3 billion, with a 49.6% increase from last year. Wan Club membership hit more than 50 million members, which was a 50% increase from last year. Each month, over 20,000 new members joined. Some 65% of box office revenue came from online sales, which shows that Wanda Cinemas has become an established online enterprise. Revenue from Wan Club members makes up over 80% of total revenue from box office sales, which means that stable income for Wanda Cinemas constitutes the majority of the total income. Another 942 new screens were added in the past year, bringing the total number of screens to 2,557. Wanda Cinemas' attendance rate was 1.9 times higher than the industry average. Revenue per screen was 2.1 times higher than the industry average.

Wanda Pictures had ¥6.15 billion in box office receipts, fulfilling targets to 180% with a 36.1% increase from last year. Despite being established only two years ago, Wanda Pictures ranked first nationwide in terms of the two key indicators – box office receipts and revenue. It invested in films like *A Hero or Not, Go Away Mr. Tumor and The Ghouls* that have reaped the twin rewards of good word of mouth and box office receipts.

Box office receipts from films distributed by Wuzhou Film Distribution reached ¥6.7 billion, which accounted for 25% of the entire domestic market. Annual revenue was ¥1.65 billion, surpassing the annual target by 83.7%. Only a year after the establishment of Wuzhou Film Distribution, box office receipts and revenue ranked first in China among private companies.

Wanda Group wishes to extend praise to the outstanding work carried out by Wanda Cinemas, Wanda Pictures and Wuzhou Film Distribution as well as to Vice President Ye Ding, who oversees the three subsidiaries. The general managers of these three companies have already been promoted in the run-up to the annual conference. There is an old saying in Wanda that goes: "Working well at Wanda is the best connection you could have." There are five principles for talent management at Wanda. One of these is to simplify interpersonal relations. This is why anyone who does good work at Wanda will get promoted. I implore every unit in Wanda Group to learn from these three companies. For many years now, no individuals or companies were separately praised at Wanda's annual conference. The performance of these three companies, however, is indeed outstanding. For that reason, I am making an exception.

Wanda Tourism achieved an annual revenue of ¥12.02 billion, outperforming the annual target by 11.7% with a 59.8% increase on last year.

Wanda Sports Holdings reached an annual revenue of ¥5.87 billion, outperforming its annual target by 32.7%.

Wanda Kidsland opened 51 new fun parks, bringing the total number to 60. Wanda Kidsland's annual revenue reached ¥220 million, outperforming its target by 3.6%. Other revenues from Wanda Cultural Industry amounted to ¥3.81 billion.

Wanda Financial Group revenue was ¥20.89 billion, outperforming the annual target by 597%. Considering that Wanda Financial Group was only just established, I will not go into details here regarding the performance of each of its subgroups.

The revenue of Wanda Department Stores reached ¥23.05 billion, outperforming the annual target by 2.3% with an 11.1% increase on last year. Wanda Group's other sources of revenue brought in ¥4.5 billion.

It is very encouraging to see that not a single one of the units within Wanda has fallen behind. All units have outperformed their annual targets. In view of the dire state of the Chinese economy, these results prove the prowess of Wanda's executive capacity. I hope that everybody present will continue to work hard in order to be able to rejoice each year at the annual conference.

THE INITIAL ACHIEVEMENTS OF ENTERPRISE TRANSFORMATION

The service industry revenue saw steep growth. In 2015, the Wanda service industry segment constituted 43% of total Wanda Group revenues, which is a 10% increase from last year. The revenue from the real estate sector remains almost constant without any significant growth.

Commercial rental revenues rose sharply, increasing by over 30%. Profits from commercial rental revenue are expected to constitute 35% of total profits. Judging by the speed of growth, Wanda commercial rental profit will constitute more than 50% of total profits.

Wanda Group paved the way for the 'asset-light' model. Firstly, Wanda initiated the partnership model for Wanda Plazas. In the past, Wanda bought all land and managed all investment. All property and rental income belonged to Wanda alone. After Wanda launched the asset-light strategy last year, a crowd of investors came calling on Wanda's door, willing to provide land and funds. Wanda provided brand and took charge of design, construction, tenant provision and operational management. Rental revenues were to be split according to a 7:3 ratio, with Wanda taking 30%. This ratio is rarely seen in the commercial field across the world. Usually, a brand operator can take at most 15–20% of the rental revenue. Wanda Commercial Properties has already signed three contracts in Beijing and Dalian that make use of the partnership model. Wanda Group executives, along with top executives from Wanda Commercial Properties, discovered that the Wanda brand is valuable. They decided to base the future direction of the asset-light development of Wanda Commercial Properties on the Wanda Plazas partnership model. There are two main advantages to this model: firstly, it is a zero-risk model. Land and funds are provided by other parties. Moreover, Wanda requires the right to designate the construction teams for the partnership project construction. All equipment used must be selected from the first-class brands in Wanda's brand base, so as to prevent the adverse effects of poor construction quality on future operational management. Secondly, Wanda does not need to worry about capitalization. It simply takes care of the construction and management of the project.

Moreover, the finished Wanda Plazas are sold to inves-tors at cost price, so the price of construction is recovered. Rental revenue is then split according to the 7:3 ratio between investors and Wanda. So far, we have signed assetlight partnership contracts on 20 out of the 25 Wanda Plazas that have opened this year. Why are the investors willing to agree to a split ratio of 7:3? It is because asset-light Wanda Plazas are a scarce resource on the Chinese market. They incur stable revenues with a low risk. Profit margins for rental income on asset-light Wanda Plazas go into double digits. On the surface, the investors can only gain around 7% rate of return. If, however, the investors were to buy land themselves, they might not even get the 7% return rate they get from Wanda. The reason Wanda can achieve such a high rate of return is, firstly, that the Wanda brand is extremely influential and enjoys nationwide popularity, so Wanda gets prime rates on land. The second reason is that Wanda constructs projects in bulk and implements centralized purchasing, which significantly decreases the costs. Lastly, Wanda has revamped the design of asset-light Wanda Plazas. Previously, around 55% of all floor space was available for use. Now it has risen to over 60%, increasing the rental area.

RAPID GROWTH OF THE CULTURAL INDUSTRY

Wanda has already become the industry leader. Wanda Cultural Industry Group was only set up three years ago. Ever since then, annual revenue has been rapidly increasing by ¥10 billion each year. In 2015, the company's revenue was equal to the sum of the revenues of the remaining top ten enterprises. Looking ahead, the revenue gap is set to increase even further. Wanda Cultural Industry Group has now become a deserving nationwide industry leader. This applies regardless, be it in terms of its brand influence, size of revenue or extent of internationalization.

Wanda Cultural Industry Group is diversified into four sectors, namely film, sport, tourism and children's entertainment. Of these four branches, three rank top in the world in terms of revenue, while the revenue from tourism ranks top within China. The sport sector has reached the top spot in the world with the help of mergers and acquisitions. There were no major enterprises in the children's entertainment sector in the first place, so Wanda naturally took the top rank. After Wanda Pictures acquired Legendary Pictures in 2016, it also became the worldwide film industry leader, ranked by revenue. We have already set a goal for the tourist segment: by 2020, the revenue from the tourist industry is to exceed 100 billion and the number of tourist visits is to rise to 200 million. Lastly, we want to become the largest tourism enterprise in the world. How can we achieve this goal? Wanda is now in the process of constructing large-scale tourist resorts around the country. Three of these large-scale tourist resorts have already been opened. Apart from the one in Wuhan, the remaining two are in relatively remote regions where transport is still a problem. Starting this year, however, we are going to open large-scale tourist resorts in easily accessible, developed cities. The number of tourists should see a sharp rise. With so many large-scale tourist resorts, by 2020 Wanda must be sure to rank top in the world.

The diversification into these four industries does not mean that Wanda Group will not enter additional fields in the future. If we come across suitable resources, it is not out of the question for us to enter a new field through mergers and acquisitions.

JOINT ONLINE AND OFFLINE DEVELOPMENT

It is very encouraging to see that in 2015, Wanda Group launched the 'internet+' development model, which combines online and offline development. In the film and TV industry, Wanda is involved in film production, distribution and film screening, including the movie website Mtime. Within the tourist industry, Wanda boasts largescale tourist resorts as well as China's largest offline travel agency. Wanda also invests in Tongcheng Tourism Group. At the company's bidding, the children's entertainment sector has also started exploring an integrated model of physical stores combined with animation production and online stores. The art of growing the children's entertainment sector is not in opening several hundred retail stores or in simply selling members' cards. We must incorporate retail stores with animation production, and we must also provide online services, including the introduction of intellectual property (IP) product sales and so on.

Wanda has obtained a good number of IP rights. In 2015 Wanda applied to both Chinese and international governments and relevant departments for 470 patents and IP rights. In total, Wanda gained 1,330 patents and IP rights in 2015. Although we applied for only 470, we obtained permission for 1,330. This is because in the past we applied for many more. Up until now Wanda has accumulated 4,219 patents and IP rights worldwide. The majority of these are in the cultural field. These will serve as the fundamental guarantee for the rapid take-off of the Wanda cultural industry sector.

Wanda gained two major achievements. The first is that Wanda Cinemas was successfully launched and became the first stock among Chinese cinema chains. From going public on January 1 to the end of the year, the stock price multiplied 10.2 times, which made it the most valuable cinema chain on the world cinema chain stock market. It was selected to be used for the China Securities Index (CSI) 300 index. I saw an American post on Facebook, saying: "The world's best company is Wanda Cinemas. It is a shame that Americans can't afford to buy it." However, Wanda Cinemas should not be overly proud. Apart from your own efforts, the fundamental reason for your success is that you were able to catch the golden era of development for the Chinese film industry.

The second of our major achievements is the opening of the Xishuangbanna Resort. The Xishuangbanna Resort is a masterpiece of the Wanda cultural tourism sector. It is fundamentally different from the cultural tourism projects in Wuhan and Changbaishan. The theme park and Wanda Plaza at the Xishuangbanna Resort are strongly influenced by local culture. To expand our business in China, we must make each project reflect local characteristics. I daresay that the three five-star hotels in the Xishuangbanna Resort are masterpieces within the mountain resort hotel sector worldwide. The Dai nationality show and the theme park are of first-class world standard. The Kunming high-speed railway which connects China, Laos and Thailand is set to open in 2018. One of the high-speed railway stops will be located only two or three kilometres away from the Xishuangbanna Resort. As the new line will connect to China's high-speed rail network, it will only take five hours from Chengdu, just over three hours from Chongqing, and only two hours from Kunming. Tourists from Guangdong and Shenzhen will also be able to vis it conveniently. I trust that in time, the Xishuangbanna Resort will prove to be very popular, so much so that tourists will compete over booking rooms.

WANDA FINANCIAL GROUP ESTABLISHED

The Wanda Financial Group was established in Shanghai with a registered capital of ¥10 billion. The group is diversified into internet finance, the Feifan retail platform, insurance and investment. In the foreseeable future Wanda Financial Group is set to diversify further.

We have explored internet finance options. Wanda's online-to-offline (O2O) platform has been going through an exploratory phase.

At times, it was a bumpy ride. Currently, the internal management have agreed to focus first on the launching of internet finance. O2O platforms of other companies are making losses. They can only be kept afloat with the help of constant investment from the shareholders. As I said before, it is unthinkable for a company in any industry to rely on shareholders' investment to remain functional. Wanda's ventures in internet finance must bring in revenue and profit. It must be able to fend for itself. We shall first focus on expanding the Ffan card [see next paragraph], which is a key link in bringing together all internet finance lines of business. Once the Ffan card is in wide use, we shall turn our attention to other fields. We must not attempt to try to develop everything at once. Ffan launched the external partnership model in October last year. Within less than three months of operation, 70 contracts with large shopping centres were signed as part of the external partnership model. An additional 130 or more Wanda Plazas have brought the total number of Ffan internet shopping centres to more than 600. In 2015, 4.62 billion visits were recorded. Over 100 million consumers were reached through the Ffan O2O platform.

We have established partnerships with large financial institutions. Last year we reached partnership agreements with major financial institutions. We added the credit card function to our Ffan card. The Ffan card offers a broad range of functions such as online parking space reservation, seat reservation and queuing reservation as well as special offers, point collection system, cash deposit function, currency exchange and credit card function. With so many functions contained within a single card, Ffan is the world's first multifunction financial service card.

CONSIDERABLE ACHIEVEMENTS IN MERGERS & ACQUISITIONS

We acquired high-quality assets. In 2015, Wanda made transnational acquisitions of Infront Sports & Media, World Triathlon Corporation,

Hoyts Group and Legendary Pictures. Wanda also invested in the Spanish football club Atlético Madrid. In total, Wanda's annual overseas investment added up to more than US$5 billion. Up un til 30 December 2012, Wanda's total overseas investment reached US$15 billion, of which US$10 billion was in the US. In 2012, Wanda acquired AMC Theatres. When I was in America, I said that "In the next ten years, Wan da will invest a minimum of US$10 billion in the United States." When reporting the story, a well-known American media company added a caption: "We hope that Mr Wang will fulfil his promise," meaning to say, "Do not fool with the American people." Three years have passed since then and our investment in the US has already exceeded US$10 billion. I plan to have another article published in the American press: "Wanda fulfilled its investment commitment – ahead of time." On the domestic market, Wanda acquired companies such as Aeon Life Insurance and Shimao Cinema Line.

It also invested in LY.com and Mtime. Wanda's investment on the domestic market surpassed ¥10 billion. Wanda's mergers and acquisitions, both domestic and overseas, are high-quality assets. Some of these even count among scarce resources. For example, Infront Sports & Media serves as an agent with exclusive broadcasting rights for the FIFA World Cup in Asia. Infront is the exclusive partner of seven major winter sports international federations, including skiing, ice-skating and ice-hockey federations. It holds the right to market and broadcast their events. The World Triathlon Corporation is the sole owner of the Ironman brand. It has a more than 90% share in the long-distance triathlon market worldwide.

As the number of mergers & acquisitions started increasing, the influence of the Wanda International brand has become more and more evident. For example, I have attended one-on-one meetings with important political figures worldwide, including the president of the US and the British Prime Minister. I have also met with the

CEO of Goldman Sachs and other top-class entrepreneurs around the world. I had the honour of being elected as the vice-chairman of Harvard University's Global Advisory Council. Wanda's acquisition of Legendary Pictures had an especially far-reaching influence worldwide. Such response far exceeded our expectations. A spokesperson for the Chinese Ministry of Foreign Affairs stated that the Ministry would like to take advantage of Wanda's acquisition of Legendary Pictures to further expand Sino-American cultural exchange.

SYNERGIES ARISING FROM MERGERS AND ACQUISITIONS

Infront Sports & Media have paved the way for Wanda to enter the sport industry. This acquisition helped to show Wanda how things are done there. We do things differently to the way it is done on the domestic market. In China, some companies simply set up clubs and drown them with money. Wanda's strategy is to establish connections for upward expansion by acquiring international sport brands. Wanda's investments in LY.com and Mtime formed successful synergies with Wanda's existing businesses. In the film industry, Wanda is the only enterprise in the world to span the entire film network from production to distribution and screening. Within the tourism industry, Wanda is the only enterprise in China with large-scale tourist resorts that utilizes both online and offline forms of interaction with customers. However, in order to achieve the full potential of using the internet+ model, we rely on the hard work of our colleagues in the film and television sector as well as on those in the tourist sector. The internet+ model is not equivalent to simply using the internet; they are two completely different concepts.

Our M&A businesses have been performing well. In the run-up to the annual conference, Wanda confirmed that three cities in China are to host the international triathlon event – the Ironman. Due to the capacity limits of the International Triathlon Corporation, we cannot host in too many cities. We chose three cities and we signed the agreement for hosting large-scale international triathlons in these three cities this year. Infront Sports & Media will soon add two major events to the sports calendar in China. Legendary Pictures have agreed to assured five-year operational goals with Wanda Cultural Group. Hoyts Cinema Line is set to earn a profit this year. Aeon Life Insurance Company, which Wanda invested in, had been making a loss for the past eight years. Wanda is lucky, though: a year after our investment we are already seeing the company make a profit.

The reason the acquired businesses are in a healthy state is that Wanda is a giant business ecosystem with a powerful executive force. If a business has bright prospects, Wanda is willing to invest in a business that might momentarily be making a loss. We do not, however, stand for a business that is making a loss in the long term. It must be profitable, as profit is the fundamental guarantee of the market value of a company, thereby ensuring its survival. If there is no profit to show off, then no matter how good a story you try to sell, it won't work in the long term.

CONTINUAL IMPROVEMENTS IN ENTERPRISE MANAGEMENT

Management standards have risen. In 2015, president Ding along with eight of Wanda Group's departments launched the building information modelling (BIM) platform to aid with project management within the real estate business sector. BIM technology is specifically designed for the industrial sector. Wanda is the first enterprise in the world to successfully use the BIM technology in construction management projects and to implement a comprehensive system of smart management. This is revolutionary in the real estate industry around the world. Last year's pilot programme reduced the number of managers in Wanda by 10%, saving over ¥1 billion. The new technology helped to save on human resources, while at the same time increasing efficiency. More importantly, it helped to fix loopholes in the management system.

Wanda Commercial Properties have reformed the investor solicitation and management system. We have brought into effect a separation of powers between the three departments in charge of brand management, investor attraction and operations. This greatly decreased the powers of discretion existent within the system. Wanda's Huiyun information management system was upgraded to version 2.0. The upgrade and optimization of the system took place while ensuring complete operational security and utmost convenience. This system is very powerful: it enables the user to manage Wanda Plazas from anywhere around the world and at any time. All this is possible to do using a mobilephone app. On a tour of the US, a member of the audience asked a Wanda Commercial Properties employee how the Wanda Plazas are managed, considering there are so many of them spread over an area larger than Europe. The Wanda manager took out his mobile phone where he was immediately able to see information on the revenue, foot traffic and security of any Wanda Plaza, regardless of its location. The audience was stunned. They had not thought that commercial management in China was so advanced.

Wanda incorporated a model of internal competition within its film and TV production unit. The film and TV production company introduced a system of interdepartmental competition in the production of internal projects. The aim is to ensure the quality of production by abiding by the laws of natural selection. As a result, the decision whether to launch a project does not lie solely with the film production unit. It is a joint decision between the three departments of film production, distribution and cinema chain that is arrived at by casting votes. Such a mechanism greatly reduced the risk involved in undertaking each project. This is why all films selected through this method in 2015 earned profits. In fact, this model is used in film production in Hollywood. When Wanda initially started using this model, there were many within the film industry who mocked us, saying they were the film professionals. If they said it would be a successful film, then it would; if not, then it wouldn't. Others laughed: "Wanda does not sign contracts with actors, nor do they engage talent recruitment agencies. Instead, they vote on filmmaking. Can that be called a film production company?" We have, however, already proved the superiority of our commercial model with facts. Wanda Film Holdings company is already ahead of industry competition. We plan to widen that gap further.

Wanda's Cultural Tourism Planning & Research Institute was identified as a high-tech enterprise by the Ministry of Science and Technology, the Ministry of Finance and the State Administration of Taxation. There are tens of thousands of planning and design firms in China, but Wanda is the first and only one to be designated a hightech enterprise for its independent, innovative work. Although Wanda brought in foreign directors to take charge of the Han and Dai nationality shows, the buildings and equipment were mostly designed by Wanda. Starting with the Nanchang Wanda City, Wanda Cultural Tourism & Research Institute have developed the major facilities for the theme park, as well as other apparatus used in the cultural tourism sector. The institute owns a number of patents around the world.

Wanda has seen a change in the talent structure. Two thirds of Wanda's current senior executives are specialists outside of the real estate sector. There are ten non-Chinese senior executives who make up almost one quarter of senior management. A few years back, we started accompanying Wanda's interim, annual and any other major conferences with simultaneous interpretation. That is one of the subtle manifestations of Wanda's internationalization.

SETTING AN EXAMPLE FOR CORPORATE SOCIAL RESPONSIBILITY

Employment

In 2015, Wanda increased the number of jobs in the service sector by 105,000. Of these newly created jobs, 40,000 were graduate positions. This amounts to about 1% of the total number of posts created nationwide this year.

Entrepreneurship

Wanda supported 57 entrepreneurial graduate ventures. The success rate reached 95%. The reason we were able to achieve such a high rate of success is that Wanda has a specialist department with excellent service offering guidance for budding entrepreneurs.

Taxes

In 2015, Wanda Group paid ¥30.2 billion in taxes, which is a 10% increase from last year. There are only a handful of enterprises in China that pay over ¥30 billion each year.

Charity

In 2015, Wanda donated ¥360 million to charitable causes.

Poverty relief

Last year Wanda entered into a contract with Danzhai county in Guizhou province, becoming the first enterprise to commit to a poverty alleviation model whereby "an enterprise joins hands with a county in order to eradicate poverty". Last year we agreed to invest ¥300 million in building a vocational school with a capacity of 2,000 students. We have already obtained the necessary land and the building works are to start in March this year. This will be the first county-level vocational school nationwide.

Wanda achieved great results in 2015. There were, however, also a number of problems. To give you some examples, we occasionally grappled with employee corruption and a number of institutions were overstaffed. On some occasions, we struggled to avoid the pitfalls of being a large corporation. The phenomenon of reporting positive news but refraining from passing on negative news is still existent. I hope that senior executives at all levels will pay more attention to these problems and gradually find ways to resolve them. As our time is limited, I will not go deeper into these problems at the annual conference. We shall hold separate meetings to discuss and improve these deficiencies.

PART II: MAJOR WORK TARGETS FOR 2016

In 2016, Wanda Group aims to increase the value of its assets to ¥750 billion, with revenues adding up to ¥254.3 billion, which is a 12% decrease compared to 2015. The main reason for the decrease in revenue is that Wanda Commercial Properties has purposefully been decreasing real estate revenue since 2014. In 2014, real estate revenue dropped by ¥64 million. Assuming real estate revenue keeps decreasing by 10% each year, Wanda will see a real estate revenue drop of over ¥80 billion in 2016. On the other hand, Wanda Group's service industry revenue targets are to see a sharp rise.

Wanda Commercial Properties is expected to earn around ¥130 billion of revenue in 2016. Although the target revenue is forecast to drop, the net profit will retain double-digit growth. Revenue from real estate contracts is projected to be around ¥100 billion, while revenue from agreed partnerships is expected to reach ¥110 billion. Another 55 new Wanda Plazas will be opened. Compared to 2015, the number of new Wanda Plazas will double, with 55 scheduled to open this year. Rental revenue is expected to reach around ¥19.5 billion. Fourteen new hotels will go into operation, with a projected revenue of ¥6.14 billion. Property space is to increase by a further 580,000 square metres. Wanda plans to embark on 71 new projects. One of these projects will be in cultural tourism. Three asset-heavy Wanda Plazas are scheduled to open as well as 55 assetlight ones. I read in some articles that China's richest man is thinking of retiring from the real estate sector. The truth is, Wanda is not retiring from real estate. It is only that Wanda no longer considers the real estate industry to be the central pillar of its business. The real estate sector is no longer the major source of Wanda's revenue and profits. This is because of the cyclical nature of the real estate industry, which rises and falls over time. The global real estate trend suggests that the industry will start shrinking once the level of urbanization reaches 75% and home ownership climbs to 80%. Since

Wanda needs a long-term, stable cash flow, we have no choice but to transition to other industries. Wanda Commercial Properties will continue to operate, but the volume of revenue will stabilize at around ¥100 billion without seeking further growth. Wanda will instead generate growth from other industries.

Wanda Cultural Group has an annual revenue target of ¥66.64 billion in 2016, which is a 30% increase. If we can reach this target, Wanda Cultural Group will count among the top ten enterprises in the global cultural industry, which would be very exciting. The revenue of AMC Theatres and Wanda Cinemas is projected to increase steadily. Wanda Cinemas is expected to reach a double-digit billion revenue in 2016. The reason why I am not being more specific with figures is that Wanda Cinemas have asked me to keep the actual figure a secret. A further 77 cinema cities are scheduled to open, bringing an additional 698 screens (excluding mergers and acquisitions). Wanda Pictures aims to bring in ¥1 billion of revenue this year, which is a 71% increase from 2015. Wuzhou Film Distribution is projected to earn ¥9 billion from box office receipts with revenue of ¥1.76 billion. This is a 10.6% increase from last year. I feel that such a target is too low; perhaps Wuzhou Film Distribution wants to play it safe, so that they can report they have outperformed their annual target next year. Wanda Tourism is expected to generate ¥16.1 billion in revenue. Wanda Theme Parks plans to bring in ¥1.77 billion of incomewhile Wanda Children's Entertainment is aiming for ¥780 million. Wanda Sports Holdings is projected to generate ¥7 billion of revenue. Other income of Wanda Cultural Group is expected to add up to ¥730 million.

In 2016, Wanda Financial Group aims to generate income of ¥21.18 billion, of which ¥4.46 billion will be from internet finance. The number of active members in the internet finance database is projected to surpass 100 million, with 50 million new Ffan cards being issued. We hope to grow the number of large Ffan partner shopping centres by

1,000. This target was proposed directly by Ffan and it is no easy task.

Projected revenue of Aeon Life Insurance is ¥16.52 billion. [Our third-party payment platform] 99bill aims for target revenue of ¥4.01 billion. Wanda Investment Company will complete three major overseas and two domestic M&A operations (excluding cinema chains).

Wanda Department Stores will generate projected revenue of ¥17.53 billion in 2016. The business will achieve overall profitability, which will strengthen its future initial public offerings (IPOs). Revenue from other subsidiaries is expected to reach ¥4.92 billion.

IMPLEMENTING INITIAL STAGES OF ENTERPRISE TRANSFORMATION

In the course of the last century, there has not been a single large real estate enterprise that succeeded in undergoing comprehensive self-transformation. Wanda is on course to rewrite global economic history. We will be the first large real estate enterprise to successfully transform itself into a service-based enterprise. When we speak of transformation, we mean it. And 2016 is the key year for Wanda's transformation. We have set ourselves some main objectives:

The revenue and profit from the service sector must constitute over 50% of total revenues and profits. We aim that by the end of 2016, the two key indicators in the service sector, revenue and profit, will constitute at least 55%, maybe even 60%. By the end of the year, Wanda Group will no longer be known as a real estate enterprise. We will have become a cross-industry enterprise. It is estimated that by 2017, two thirds of Wanda Group's revenues and profits will come from the service industry. We will have completed our objectives for transformation a year ahead of what was originally planned.

FUNDAMENTAL CHANGES IN THE STRUCTURE OF WANDA COMMERCIAL PROPERTIES

By the end of 2016, Wanda Commercial Properties will strive to generate over 50% of total income from sources other than real estate. There will be substantial growth in revenue from overseas holdings. By the end of 2016, we aim for revenue from our overseas holdings to constitute 20% of total Wanda Group revenue.

EMPHASIS ON THE CULTURAL INDUSTRY

Adjusting development goals

When Wanda Cultural Group was established in 2012, we set targets for it to generate ¥40 billion in 2016 and 80 billion in 2020. In the end, revenue for 2015 already surpassed ¥50 billion, so our original targets seem far too low.

After some thought, we have adjusted the target for 2020 to ¥150 billion, with net profit reaching ¥12 billion. We have five years to achieve the target, yet the deciding moment will come within these coming two years. In five years time, Wanda Cultural Group will undoubtedly become a global industry leader. We aim to be ranked among the top five global cultural enterprises.

Promoting innovation and intellectual property

Wanda Culture Group's rapid growth is mainly due to an emphasis on innovation and intellectual property. Led by Wanda Cultural Tourism Planning & Research Institute, Commercial Planning Institute, Hotel Design Institute and other subsidiaries of Wanda Cultural Group, we must place innovation at the forefront. In particular, the two theme parks and four performances to be launched in the newly opened Wanda Cities in Nanchang and Hefei are expected to be a big sensation. Yesterday evening you all had a chance to watch the Dai nationality show. It was splendid. The performances in Nanchang and Hefei must be so stunning that when the curtain goes up, the audience is already clapping and cheering. That is what I call "high-level".

Hosting major sports events

In 2016, Wanda Sports Holdings should stage events in China in at least three different major sports. I emphasize three different sports, not just three events. We aim for two things: uniqueness and world-class standard. Either the event is the only one of its kind in China, or else there are sport events of that kind in China, but the difference is that ours are world-class events. Our level has to be higher than that of the existing domestic sport fixtures. We have already agreed for the Ironman triathlon to be held in three Chinese cities, but we have yet to confirm the remaining two. As we are currently going through a process of negotiations, we cannot yet announce the remaining two. Wanda either holds the intellectual property rights for these two events, or it shares the intellectual property rights with international sport organizations. What we are doing here is bringing world-class-standard sport events back to China.

Expanding the tourism business

Out of all enterprises in the world, Wanda is the only one to operate a full travel industry value chain. As part of its internet+ model, Wanda owns many large tourist resorts, offline travel agencies and online internet platforms. The only thing we are missing is an airline. In 2016, Wanda Theme Parks and Wanda Tourism Holdings need to focus on boosting profitability. This in particular means turning the three tourist resorts in Xishuangbanna, Nanchang and Hefei into huge sensations. The Nanchang and Hefei resorts enjoy favourable conditions. They are both connected to the high-speed rail network, as well as being regional transport hubs. In addition, they are located in China's central regions, which makes them easy to get to from anywhere around the country. However, in Xishuangbanna, accessibility still remains a problem. As a result, we should not rely on traditional approaches and should instead seek innovative solutions. Wanda also plans to complete two M&A operations in the tourist industry.

Ensuring the smooth opening of Wanda Cities in Nanchang and Hefei

In May, Nanchang Wanda City is scheduled to open and in September we will be opening the Wanda City in Hefei. This does not leave us a lot of time. We not only need to make sure that construction works are finished on time, we also need to observe that high quality standards are adhered to. The staff bonuses in the Cultural Project Centre are closely linked to the quality of construction as well as the rate of progress of each project. Before the cities are opened, we need to be absolutely sure that everything is safe. All equipment needs to adhere to US, EU and Chinese safety regulations. US and EU procedures are the strictest, which is why Wanda must be sure to pass them. This will be a guarantee of quality. We must also make all necessary preparations prior to the official opening to ensure a successful launch.

Promoting cultural brands overseas

This year, Wanda Cultural Tourism Cities are to be built in one or two developed countries. The asset-light model will be used. We are currently in the process of finalizing negotiations. This will be the first time that China exports a major cultural product to developed nations. It is a significant breakthrough for the Chinese tourist industry. Apart from American Disney, no other country has managed to produce a cultural product that would storm the global market. It took Disney half a century and yet there are fewer than 20 Disney resorts around the world. The Wanda City brand must do better than Disney. We will conquer the world. We will, however, certainly not replicate the Chinese version of the Wanda City in every country we venture into. Wanda Cities around the world must reflect the local characteristics of each destination. Why do I insist on this? It is because I want to change the way Chinese officials in some places have a blind faith in all things foreign. When Disney finally announced the opening of the Shanghai Disneyland, the whole project had taken over 20 years. I cannot even imagine how much the costs have gone up in that time. Our aim is to construct Wanda Cities in Wuxi and Guangzhou that will be superior to Disney's Disneyland. Measured by two key indicators – number of visitors and revenue – we aim for the Wanda City in Wuxi to surpass the Disneyland in Shanghai and for the Wanda City in Guangzhou to exceed the Disneyland in Hong Kong. China Central Television (CCTV) broadcasts a programme called Topics in Focus. The motto of the programme is 'Speaking with Facts'. Wanda, too, would like to 'speak with facts' to prove that, although in the past the Chinese people perhaps could not compete with foreigners, now the times have changed. Chinese people now, and especially in the future, are no worse than foreigners. Perhaps we can even do better than foreigners. This is what I call the Wanda spirit.

INNOVATION IN INTERNET FINANCE

Playing to our strengths

In our ventures into online to offline (O2O) commerce, we cannot replicate the models adopted by others. We must take advantage of Wanda's plentiful offline resources to create a model of our own. One of Wanda's advantages is that we have masses of offline commercial tenants and customers. In 2015, foot traffic reached 4.6 billion visits.

This year, it is projected to surpass 10 billion. The greatest challenge online enterprises are facing is the fact that they have to spend money on diverting customer flow, which tends to be unstable. A slight faltering of service, and customers are gone. Wanda's customers are all regulars. They return every day. In addition, we have our e-commerce platform, Ffan, with its cloud-billing system that allows us to monitor our retailers' income flows. Thirdly, Wanda has countrywide on-site executive teams who are backed up by our extensive business management system. We have the resources we need. What remains to be seen is whether we can turn these into a business advantage and earn profits. The Financial Group should focus on working out the best way to connect our offline and online platforms.

Building a first-class credit reporting company

Wanda is ideally positioned to run a consumer credit reporting business, thanks to our access to a wealth of retailer and customer data. Wanda's consumer-related data is even more comprehensive than the data collected by e-commerce operators. The data reveals that each of Wanda's customers on average visits more than 50 times per year, which is about once a week. The purpose of customer visits is not limited to shopping, as visits for the purpose of eating, drinking and entertainment are also included. E-commerce customers mainly visit for the purpose of buying, which tends to be more of a one-off activity.

Developing internet financing

By 2020, Wanda's O2O commerce will have established partnerships with 5,000 large shopping centres. We will have access to 2 million retailers and will serve 700-800 million consumers in the cities. Even if only a small portion of consumers and retailers use our internet finance, it is still a sizeable number. Currently, the demand for internet financing is huge. The key problems are finding a source for loan money and reducing the costs involved. The majority of retailers on our e-commerce platform Ffan are small to mid-sized enterprises willing to take out low-cost loans, which resolves both of these problems. There is nothing now to hold us back.

Introducing a new all-purpose card

The Feifan All-Purpose Card offers a variety of functions integrated in one card whereby a customer can redeem special offers and collect points, deposit cash or exchange currency. It also doubles as a credit card. Now, with the support of major financial institutions, we shall strive to issue 50 million cards in 2016. The more cards we issue, the greater the source of capital for internet financing. We should learn from the experience of Yu'ebao and offer a slightly higher interest rate than them to attract capital. Many Chinese online payment platforms similar to Yu'ebao struggle to find appropriate investment channels for their capital, so they deposit their money in banks. Wanda, on the other hand, has millions of retailers and hundreds of millions of customers who are in need of loans. The key to solving many of our problems is to scale up the number of cards being issued.

CONTINUING WORK ON MERGERS AND ACQUISITIONS

Continue buying

People say that Wanda just keeps buying and buying, and that is exactly what we want to continue doing. In 2016, we are aiming to complete three major acquisitions overseas and two domestically (excluding cinema chains). Wanda Cinemas must take advantage of their prime position on the capital market to increase their domestic acquisitions of cinema chains.

Buying the right assets

We need to focus on enterprises that are relevant to Wanda's lines of business and that have the potential to strengthen our competitiveness. We should not be guided by the principle of buying whatever is cheap. We must buy that which is right for us. For example, Wanda's acquisition of Infront Sports and Media opened the door to the sport industry and helped us to find the right model of development for the industry. Soon after, we became a leading global sports enterprise. Let me remind you, though: we should strive to avoid using the Wanda brand when making acquisitions, as it appears that the Wanda brand of itself drives prices up.

Buying landmark properties

Wanda can invest in one to three landmark properties in cities around the world, but I emphasize the necessity of taking into consideration returns on our investments. Investments should only be made if we are sure of a positive return. Property managers of our overseas holdings should be selected on a competitive basis by inviting bids from management companies.

CONSTANTLY STRIVE TO IMPROVE ENTERPRISE MANAGEMENT

The competitiveness of an enterprise comes down to the nature of the company's management. Advanced technologies and lucrative business models could not be successfully implemented without meticulous management. Without sound management, a company would lose its competitiveness and would surely perish before long. Nowadays many Chinese companies exhaust their efforts in developing so-called internet-plus technologies and innovative business models. In my opinion, most of this is just talk. I am not saying we don't need revolutionary technologies or innovative business models. What I mean is that in the end it all comes down to whether or not a company has management capabilities and whether or not it can generate profit. Enterprise competitiveness is not something that can be determined overnight. Rather than thinking only of the present moment, we should look further afield. Can a company survive in 10 or 20 years from now? A company that has a long-term vision of stable cash flow is what I call an outstanding company.

Focusing on net profit

From now on, Wanda will not judge performance based on revenue. Instead, we shall monitor performance based on net profit and market value. Those who generate more profit, and those who create greater value for the company, will be the ones to be promoted. The four executives from the film industry that earned praise and promotion at this year's annual conference are an example of this.

Keeping costs in check

Last year, president Ding led efforts to adjust staffing levels. This year, we need to carry on implementing the changes. As Wanda gradually moves away from real estate to the service industry, keeping costs in check is a way of generating profits and strengthening our core competitive ability. In real estate, investment of several billion gets lost in the bigger picture. This is not so in the service industry. We need to make sure that we keep strict control of our costs and expenses. We have drawn a red line: the rate of increase of a company's costs must not be greater than the rate of increase of a company's profits. Each company can apply for permission for higher costs and expenses as long as the rise in profit outweighs the rise in costs.

Implementing BIM systems

BIM systems began to be implemented on a trial basis in January this year. Detailed rules and regulations will be finalized in the fourth quarter of 2016 to pave the way for official implementation of BIM systems in January 2017. Once in effect, Wanda will no longer have to invite bidders. Project costs can be estimated according to the location and product requirements of each project, which increases the accuracy of project management. In addition to benefits such as reducing staffing requirements, increasing efficiency and facilitating project management, BIM can also reduce the likelihood of corruption.

Upgrading the Huiyun Intelligent Management System to version 3.0

In 2016, we will have finalized the newest version of the Huiyun system. It will be launched in 2017, together with BIM systems. We aim for the Huiyun system to become the world's largest cloud-based intelligent management system.

Strengthening internal audit and supervision

Firstly, emphasis must be placed on prevention. We should focus on patching up existing loopholes. Secondly, we must increase the strictness of our supervision system. If necessary, wrongdoers must be punished, dismissed or sued. Thirdly, we shall make publicly available a list of employees who have been dismissed or who have been convicted of criminal offences. Corruption will not be tolerated.

CONTINUING TO TAKE THE LEAD IN CORPORATE SOCIAL RESPONSIBILITY

Employment: In 2016, we aim to create 100,000 new jobs, of which 40,000 will be graduate jobs.

Entrepreneurship: We hope to give support to 100 graduate entrepreneurs.

Tax: ¥30 billion will be paid in taxes in 2016.

Environment: We will start implementing the Wanda Green Building Energy Saving Plan 2016-2020. Wanda completed the 2011-

2015 Green Building Plan, achieving all targets. Wanda secured one third of the total number of green building design and operation certificates granted in China between 2011 and 2015. This is far more than any other company. In future, all projects developed by Wanda must meet green building standards and secure design and operation certification.

Charity: In 2016, ¥400 million will be donated to charitable causes.

Poverty relief: Building works on the Danzhai County Vocational College of Technology are to start in March this year in order to ensure that the college can start enrolling students from midway through 2017. Wanda's poverty relief fund has gone into operation and will start distributing cash this year. Why do we have need of a poverty relief fund? The aim of the fund is to support the orphaned and the disabled who are unfit for work and cannot earn a living on their own. With regard to Wanda's industrial poverty relief projects, I will be visiting Dazhai county during the first quarter to attend face-to-face meetings with local representatives, finalizing the details. We will then aim for work to start on these projects within a year.

The board of directors is sincerely grateful for the hard work of all Wanda employees. Although at times working at Wanda may seem tiring, hard work will always be rewarded. This year, we achieved great results and exceeded our growth targets. With each passing year, Wanda is undergoing rapid changes.

I would also like to use this opportunity to thank the staff at Xishuangbanna holiday resort for the hard work they have done to make the annual conference possible. This is especially directed to the staff of Wanda Vista, Crown Plaza and DoubleTree by Hilton hotels.

The Chinese New Year of the Monkey is around the corner. Let me use this opportunity to wish everyone present, as well as all our colleagues at Wanda, a happy and prosperous new year!

Thank you!

APPENDIX 2

GOING GLOBAL – THE WANDA WAY

(SAÏD BUSINESS SCHOOL, OXFORD UNIVERSITY, 23 FEBRUARY 2016)

It is a great honour to have the opportunity to discuss Wanda's experience of going global at today's open lecture at Oxford University. Due to time constraints, I will make a brief speech. The remaining time will be reserved for your questions. The title of my speech is 'Going Global – The Wanda Way'. I will touch upon four main points.

1. WHY GO GLOBAL?

The first reason is to expand the size of our enterprise. To expand in certain industries, we must invest internationally. This is especially true in the entertainment or the sport industries. The international market is more developed than the Chinese market, which is an important reason for Wanda to go global.

The second reason is to become a global enterprise. In 2015, a resignation letter submitted by a professor made a sensation across China. It said: "The world is so large, I would like to see it." Let me borrow this idea to explain Wanda's reason for going global: "The world is so big, I would like to make use of it."

There were always four words at the core of Wanda's corporate culture. In 1988, when Wanda was established, I chose the following motto to be at the heart of Wanda's corporate culture: 'Be honest, be smart.' In those days, China was just going through the initial phase of economic reforms. There were many frauds among those who ventured into business. We emphasized integrity, advocating for people to 'be honest'. The second part of our motto, however, was 'be smart'. If you get cheated once, it is not your fault, but if you get cheated a second time, then it is your own fault. After some time, when the company had amassed some wealth, we changed our motto to: 'Creating wealth, benefiting society'. We advocated for everyone to take part in generating wealth while not forgetting our duty to society. In 2014, Wanda made a comprehensive improvement to its corporate culture. Our new motto appropriately expressed the company's goal, developmental policy and operational principles. It went: 'International Wanda, Centennial Business'. We were very clear what we meant by 'centennial business' – we wanted a long-lasting company. As for the meaning of "International Wanda", we were then not quite sure yet. Wanda's globalization did not set in as a direct result of the new motto. It was not until 2012 that Wanda actually started going global, but clearly the intention was there long before that.

Speaking of Wanda going global, there is another anecdote that comes to mind. It's as if Wanda were fated to become a global corporation. Originally, Wanda Group had a different name: it was called Xigang Residential Development Company. It specialized in real estate. When Wanda became a joint-stock company in 1992, we thought that this name was too tacky and decided to change it. We called for proposals for a new name and offered ¥2,000 as the reward for the winner. Around 200 people submitted proposals. We selected around ten or so from these and invited each author to introduce their logo and their suggestion for a new name for the enterprise. In the end we selected the third or fourth proposal. And this is what Wanda's logo still looks like today. The logo is dark blue with the letter W representing the shape of waves and the letter D mimicking the shape of a sailing boat. Why use blue? It is because Wanda originated from a coastal city. The two letters are enclosed within a circle, which, according to the author, signified Wanda going global. We liked the meaning behind the logo, so we decided to adopt it. In those days, Wanda was not even a nationwide enterprise, let alone global. You can see, however, that the intention has always existed. Without having this goal and intention, we would not have got to where we are now.

The third reason for going global was to mitigate operating risks. There is a saying that goes: "Don't put all your eggs in one basket." Expanding into new markets reduces operating risks. No matter how well a country's economy is doing, there are bound to be periods of economic downturn. The likelihood of periods of economic adjustment occurring concurrently around the whole world is, however, significantly lower. The Chinese government also encourages Chinese enterprises to allocate resources around the world in order to make use of the world market. Therefore, from the point of view of mitigating operating risks, it makes sense for us to go global.

2. GLOBALIZATION STRATEGY

EMPHASIS ON MERGERS AND ACQUISITIONS

Wanda's overseas activities primarily focus on mergers and acquisitions (M&A), which are supplemented by investment. What is the reason for that? It is because since the Industrial Revolution in Britain, the world market, especially the principal sectors within it, have already been saturated by companies that entered the market first. Look at the finance industry as an example. Although I cannot say that entering the industry without M&A is absolutely impossible, it is nigh on impossible. Wanda has now turned its attention to the sports industry. The majority of proprietary and broadcasting rights for international sporting events have been taken by established family-owned companies or multinationals. The only way to enter the industry is through acquisition. A reporter once claimed in the Chinese media that "All Wanda does is buy, buy and buy." I asked him, "If we don't, what other options do we have?"

INTERCONNECTIONS

Some hold the view that Chinese enterprises never buy what is right; instead, they buy what is expensive. Wanda's key principle in going global is to buy what is right. What do I mean by that?

We evaluate two criteria. The first is that our acquisitions must be related to the industries in which Wanda already operates. On our road to globalization, the industries we entered into on a global scale are those that we were already involved in domestically. Be it real estate, culture, sports or travel, these are all fields in which we are currently involved. The advantage of that is that we already possess the right industry knowledge and the right people. We have an understanding of how things work in each particular industry.

Our second criterion, for both cross-border M&A and overseas investment projects, is that Wanda requires these businesses to be transplantable to China. Let me give you a sports enterprise M&A as an example. In 2015, Wanda acquired the world's largest triathlon company – the World Triathlon Corporation (WTC). Within half a year of the acquisition, we were able to secure triathlon events in the Chinese cities of Xiamen and Hefei. Prior to this, triathlon was not widely known in China. Only after we ran a series of promotions did the public learn exactly what triathlon was about. Currently, the number of triathletes in China is still pitifully low: out of a population larger than 1.3 billion, there are just over 200 people who practise the sport. If we promote this sport in China, we can get the number of participants up to at least several hundred thousand. There is huge potential for development in China, as people are starting to be more health-aware. Running is also becoming increasingly popular. In other countries around the world, it is extremely difficult for the WTC to grow at any decent pace. Usually, a growth rate of less than 10% is already considered an achievement. In China, however, the potential for fast growth is immense.

LOCAL TALENT

On our way to globalization, Wanda puts an emphasis on making use of local talent. Back in 2012, for example, Wanda bought AMC Theatres. The company is a cinema chain operator and the US government placed certain restrictions on the M&A of such enterprises. I went to see the US ambassador to China, Gary Locke, to ask him to write a letter recommending Wanda to the US government. His first question was whether Wanda was planning to export a large number of Chinese films to the US once it had bought AMC. I replied that that was unlikely. Even if that had been my intention, it was dependent on whether there was demand for Chinese films. If the audience did not like Chinese films, they would be sure to vote with their feet. He then asked whether Wanda was planning to fill management positions with Chinese employees. I told him that that was not going to happen, since if management leaves as a result of an acquisition, that is an indication that the acquisition has failed. Mr Locke seemed satisfied and agreed to write a letter of recommendation for Wanda. Mr Locke's recommendation, along with other contributing factors, in the end resulted in Wanda's acquisition of AMC Theatres gaining US government approval.

Once the acquisition of AMC Theatres was accomplished, Wanda only stationed a liaison officer at the company. Wanda's acquisition of AMC raises a question. Formerly, the shareholders of AMC Theatres consisted solely of multinational enterprises. If the company was faring badly under their management, why should it be any different with Wanda in charge? Wanda came to the conclusion that the best way of handling the management of M&A was to retain the existing board of managers and motivate them to work better. Wanda's acquisition of AMC Theatres had already been turned into a case study by Harvard Business School. The professor who wrote the case study visited our offices for research purposes. He made two very classic points: on the one hand, nothing had changed – it was still the same AMC Theatres cinema chain. The name remained the same, the original management team was still in place and the location did not change. On the other hand, upon closer observation, everything had changed: the company had undergone a profound transformation. The professor's observations were spot-on.

I often say that in the past, Chinese enterprises modelled their management style on the West. We do, however, possess an advantage when it comes to applying the theories. At its most fundamental level, management is equivalent to designing an overarching system. Stimulating employees' initiative lies at the heart of the system. The aim of the system is not to impose unnecessary restrictions on the actions of the management team. The prerequisite for this kind of management was that Wanda became the majority shareholder of AMC Theatres. Prior to our acquisition, AMC Theatres was owned equally by well-known giants such as Morgan Stanley, Carlyle and Blackstone. The crucial difference was that each of these companies had a more or less equal share; there was no one company that was in charge. Wanda put an end to that. At the time when we acquired AMC Theatres, the world was still grappling with the aftereffects of the global financial crisis. Jobs were nowhere near as stable as they are today. We signed a five-year work contract with the senior management team at AMC and decided that any profits over the designated targets would be shared 1:9 between the management team and Wanda. It worked wonders in stimulating the team's motivation. The company had undergone rapid transformation within a year, and the year after that it went public. This made me realize that no matter where in the world you made acquisitions, you had to try to retain the original management team, make use of and find ways to motivate the existing employees. It would be a mistake to send Chinese teams wherever you expand.

3. INTERNATIONAL DEVELOPMENT

Wanda has now become a representative of global Chinese enterprises. This is especially true among privately owned enterprises. Since 2012, within just over three years, Wanda has made investments in more than ten countries around the world. In total, the value of

Wanda's investments has exceeded US$15 billion, of which US$10 billion was in the US alone; thus we enjoy great popularity in the US. When Wanda acquired AMC Theatres in 2012, I promised that within the next ten years, Wanda would invest a minimum of US$10 billion in the US. The next day, a US media company published an article titled, "We hope you honour your promise, Mr Wang." Three years later, in 2015, Wanda had already reached the investment target of US$10 billion. I asked my assistant to invite them to write a follow-up article titled, "Mr Wang fulfilled his promise – ahead of time."

Wanda invested £1.2 billion in the United Kingdom, creating 2,600 jobs. Yesterday, at the global launch of the English edition of The Wanda Way, we also discussed a big investment project with the British government, which we hope to launch at the earliest opportunity.

Although we have only recently set out on the road to globalization, we have been advancing smoothly and steadily, taking giant steps. Looking at Wanda's transnational expansion from a dialectical point of view, however, the fact that we have not yet failed only means that we are that much closer to failure. Wanda does not rule out the possibility of stumbling during the next phase of going global. We are guided by the principle that as long as we do not encounter a major setback, we will carry on doing what we are doing. In truth, now that we have taken the first step, going global no longer seems so daunting.

4. THE OBJECTIVES OF GOING GLOBAL

Firstly, we want to see a significant increase in revenue from overseas holdings. Last year, Wanda proposed strategic goals for the next five years, namely to achieve the '2211' target by 2020. The number '2211' refers to having more than US$200 billion in assets, a market value of over US$200 billion, revenues of more than US$100 billion and profits of more than US$10 billion. Of this, 30% of revenues should come from overseas. One of the key indicators as to whether or not an enterprise is transnational is whether or not overseas revenues constitute over 30% of total revenues. There are two types of enterprises that encompass international business. The first is constituted by companies that produce domestically and sell globally; in this case, it is only the product that is transnational. The other type refers to companies that have investments in one or two countries overseas, but with such investments only forming a small proportion of the company's business. From the perspective of management style, HR structure and corporate culture, such enterprises cannot be considered multinational. In order to become a true multinational enterprise, a company must not only be large – with a minimum value in assets of tens of billions of US dollars – it must also generate at least 30% of revenues from abroad. This year, Wanda's overseas revenues are expected to add up to about US$10 billion, which means we still have a long way to go and a lot of work ahead of us if we want to reach our targets by 2020.

Secondly, we want to become a leading global enterprise. Wanda not only aims to become a first-class enterprise. Importantly, we want to become a first-class 'global' enterprise. If we can achieve our '2211' target, we are sure to rank among the world's top companies. This target is what drives our company and what motivates me personally to keep up the hard work. Some describe me as China's most successful entrepreneur. Many have asked how I managed to succeed. I list many reasons, but the key to my success lies in hard work. Hard work pays off. If you do not put the effort in, you have no chance of turning your vision into reality. It is because Wanda has a long-term vision that we are able to retain rapid growth. In 2015, revenue, assets and profits grew by 20% compared to 2014. Most people are awed by our speed of growth. But for Wanda, this was the first year in a long time when our annual growth rate fell below 30%. Up until now, we had managed to grow by more than 30% each year. Our growth rate has decreased slightly as a result of major restructuring of the global economy as well as a slowing Chinese economy. Yet we are still managing to retain a comparatively fast growth rate, which serves to prove that Wanda will ultimately become a leading global enterprise.

Thank you!

QUESTIONS AND ANSWERS

Host: A multinational firm needs connectivity, but also autonomy for local managers. Is there a tension between trying to pull together connectivity within Wanda companies while also giving them autonomy?

Wang Jianlin: We now have a lot of senior employees in Wanda that we have trained over their many years with the company. Now that we have entered new industries and the company is becoming multinational, lack of English knowledge is proving to be a problem. Industries like tourism, sport and entertainment all require frequent contact with foreigners. Although we have a lot of good people, they cannot be put to good use because of their inadequacy in the English language.

At the moment, there are two types of people that we look for. First, Chinese people with good English are at an advantage. Second, we look for foreigners who can speak Chinese. There are many foreigners in China, and some speak even better Chinese than the average Chinese person. I say that there is no standard answer for how an enterprise should be managed. In my opinion, one always has to rely on oneself to come up with a solution. That's as much as I have to say about this.

Host: Many of the Chinese enterprises that attempt to go global are state-owned enterprises, yet they have been unsuccessful so far. The following question is from James Kynge of the Financial Times: Is part of the reason why these enterprises have encountered problems in overseas investments the fact that they are not commercially motivated?

Wang Jianlin: First let me make it clear that there are private enterprises that have successfully become global companies, but there are also state-owned enterprises that have managed to make a success of globalization. Overall, however, private enterprises do tend to do better than state-owned enterprises. I believe that this is because the managers of private enterprises stay in their posts longer. It is extremely difficult for the managers of state-owned enterprises to set long-term goals, as they have two or three years in their posts before they are replaced. I see this as a problem. Apart from the difference in the length of office, the organizational structure of state-owned enterprises does not favour internationalization. The approval processes within these enterprises are too lengthy.

Wanda is building one of the tallest buildings on the Thames riverbank in London. It will house one of London's most luxurious hotels. It can be said that we basically got the hotel for this project for free. Wanda's overseas development manager just happened to be on a business trip to London, when he by chance discovered that a bank was planning to put this unprofitable asset up for auction. The bank offered the hotel to Wanda, under the condition that we would pay up within a week – otherwise it was going to be auctioned. The public auction price was bound to shoot up. The development manag er gave me a call and I thought he must have misheard. He said that they were asking for £900 per square metre. Surely he must have misheard! I asked him to check with the bank again. With my many years' experience in real estate, asking for £9,000 per square metre would make more sense. The development manager got back to me, having checked the price. It was indeed £900 per square metre. I told him to sign the contract immediately. We made a down payment within three days. If Wanda had been a state-owned company, we would never have been able to make such a quick decision.

Host: Only last month you acquired Legendary Pictures. When you mentioned Wanda's competitive advantage in real estate, you emphasized the executive force. You yourself are someone who excels at bringing results. My question is, do you also put a strong emphasis on execution in the cultural industry?

Wang Jianlin: Bringing results is not only important in real estate. No matter what industry you are in, you have to perform. I remember that Jack Welch, a famous management guru and the former CEO of General Electric, once said that execution is the key to a company's success. In enterprise management, one can implement countless strategies to drive results, but according to Welch all it boils down to in the end is the power of execution. I could not agree more with this view. This is why we have annual plans at the start of each year for all our industries, ranging from film to sport and entertainment. Our plans need to be detailed. We have weekly plans for capital allocation, cash flows and so on. At Wanda, we use a modular system to work out plans for each module of work. Each module is split into a number of individual tasks. If a task along the way is not completed, the system marks it with a yellow light. If two yellow lights come on at once, the system marks the whole module in red. At this stage, we follow up with appropriate punishments. There are those who maintain that people who work in the cultural industry should wear slippers and T-shirts to work; in particular, wearing suits and ties does not go well with the entertainment industry. There is a popular saying in China that goes, "I don't believe that great ideas can be confined by suits." Great ideas are born in the brain; they have nothing to do with suits and ties!

I put great emphasis on execution, which is why Wanda has created a business model that is unique around the world. Each year we open dozens of large-scale commercial centres, 20 or so hotels and a number of other projects in the entertainment and tourist industries. We set deadlines for opening dates and we stick to them. It may sound simple, but in fact it is no easy feat. My understanding of the executive force is that it is the key competitive advantage of any enterprise in any sector. People who believe that there is no need to emphasize execution in the entertainment or internet industries have an incomplete understanding of the basics of management.

Audience member: I was very impressed with your policy of offering incentives of 10% of the profits to your managers. I own five hotels in the UK, but I can't afford to give 10% of the profits to my managers. How do you manage your incentives in the hotel trade?

Wang Jianlin: How many hotels does Wanda own? In China, we operate almost 100 five-star hotels. We now have seven hotels abroad. There are two types of hotels that we manage in China. The first type is made up of hotels that are directly operated by Wanda. These are managed by Wanda's own hotel management company. About one third of our hotels are managed on our behalf. There are about 20 of these hotels which are managed by the global hotel management companies that we are all familiar with.

In a favourable economic environment, it is hard to see the difference in management between the two types. After President Xi Jinping's Eight-Point Regulation in 2012, however, the difference between the two types became apparent. The hotels that were managed by external companies all failed to complete their operating targets. Those managed by Wanda, however, all succeeded in fulfilling their targets. The key to our success was the Wanda modular work plan system. Within this system, reports on revenues and costs are submitted daily. We require each of our companies to make daily reports so that each day we know exactly how we are doing in terms of revenue, costs and profits. If after half a year you suddenly realize that you are not on track to fulfil your target, it is normally too late. We employ the same method in hotel management. We make sure that we set daily and weekly targets, so that we stay on track. If we solely relied on material incentives, then where would the incentives come from if we hadn't met our profit targets in the first place? In my opinion hotel management is no different from management in other industries. Hotel management might be slightly harder as we are dealing with the top end of luxury brands. It incorporates a greater variety of services including entertainment, catering and accommodation, but in practice, the management strategy is the same. This is how I would describe Wanda's hotel management approach.

Audience member: I work for a British corporation. During the last couple of years Wanda has been making rapid progress in overseas mergers and acquisitions. Last autumn, during President Xi's visit to Britain, the UK and China welcomed a 'golden age' of Sino-British relations. Has Wanda considered the possibility of establishing strategic cooperation with top-class British businesses that would allow Wanda to enter other newly developing markets around the world, on top of the Chinese and British markets?

Wang Jianlin: Well, thank you for the suggestion. My priority is to first assure Wanda's own successful globalization. Last year I met with the UK Trade Department in order to invite British businesses willing to develop the Chinese market to come to China. Wanda can provide the developmental platform for such businesses. We are a platform provider. Wanda Plazas and Wanda Holiday Resorts are not operated by Wanda. We just manage these platforms and only operate a small section ourselves. If businesses are willing to come to China, I am willing to provide the developmental platform, be it in the textile industry, catering, cosmetics or whatever.

I am currently involved in two activities. Firstly, I make investments and secondly, I take British businesses to China. Now, your suggestion that we establish cooperation with British businesses to open up the world market is indeed a mighty vision. I hope that in the future I might be able to realize your goal.

Audience member: What is the driving force behind your hard work? Is it a personal ideal, wealth or a sense of social responsibility?

Wang Jianlin: It changed with time. In the initial stages, my motivation for keeping going was to live a better life. I originally worked for the government. When I switched to doing business, my objective was very simple: I wanted to have a better life. When I started the business, my employees told me that once we reached ¥100 million we could retire. In those days, profit of even tens of thousands was rarely seen, let alone 100 million. I had not thought that we would reach this goal so quickly. I discovered that we set our goal too low, so I set us a new goal: to grow the company and become a well-known enterprise. Achieving such a goal would be a worthy feat.

I think that the most important step for Wanda was in 1993, when it expanded from Dalian and turned from a local business into a nationwide one. We must not forget that expanding across China is the equivalent of expanding across twice the size of Europe. China covers an area twice as big as Europe, and China's population is also twice that of Europe. During Wanda's second developmental stage, my objective was to turn Wanda into a well-known enterprise. Recently, I have been driven by yet another goal. My vision became even greater. I want to make the Wanda brand globally recognized. I want Wanda to become a top-class enterprise. I cannot tell you the exact figures, but we have internally set the target to be ranked among world's most successful companies by 2020. We have not reached this target yet. Perhaps, if we reach this target in 2020, 2019 or maybe even 2018, I might retire. Or maybe I might set myself another target.

Several years ago, when the company earned revenues of around ¥10 billion, I told my senior managers that when we got to 100 billion

I would definitely retire. Thanks to the rapid development of the Chinese economy, a company can just ride on the wave of economic development and grow by 8% or 9% each year without even trying too hard. If you put some effort in, you can even grow by around 20% annually. Within five or six years, we had reached our target. My employees asked me, "Are you retiring?" It still seemed a bit too early for me to retire. Now the target we have set for ourselves is to become a leading global enterprise. By 2020, we want to rank among the top global enterprises. I might not retire even then. I might stop working day by day the way it is now, or I might do something else entirely.

I set targets for different stages of development. During the course of our life, we have different targets that are realistic for each stage of our life. It is good practice to constantly adjust one's goals, as only then can they be achieved. Many years ago I set up a personal entrepreneurial fund to support young entrepreneurs. Three years ago, Wanda set up its own entrepreneurial fund. Each year we devote ¥50 million to the fund. We are doing quite well, with a success rate of 95% or more consecutively for the past several years. Of course, we have a strategy. Each entrepreneur is allocated two supervisors. There was one young entrepreneur who came to see me several times. I told him: "We have an application process that has several stages to it, but since you have made the effort to see me, I will make an exception. You don't need to apply. I will write you a letter of recommendation and directly give you several million yuan to get you started." Guess what the man told me? He said, "How could several million be enough?" I asked him how much he wanted. He replied, "At the very least, several hundred million." I said, "Did you know that several hundred million is not called starting a new business! That is called succeeding in running a business."

My point is that you asked a very good question. People should set realistic goals during their lives – goals that are achievable and that can be adjusted along the way.

Audience member: Seeing as you are so busy, I would like to ask whether you have a way of allocating time just for yourself, or whether work is everything for you.

Wang Jianlin: Work is not everything, but work is the most important thing. Even though I would like to give myself some time off, I can't! Why is that? When I want to have a rest, my underlings keep calling me all the time. I am not dealing with operations directly any more, my main duty is to meet with people. Whenever someone important comes, I have to make time for them to make the follow-up work easier for my employees. When foreign guests arrive, should I see them or not? Of course I have to see them. My main duties nowadays are limited to meeting people over lunch or dinner.

Audience member: I would like to ask you a question relating to M&A. As a result of the current unfavourable global economic environment, businesses find it difficult to make decent profits. Although this pushes their market valuations down, they may not be facing bright developmental prospects. From the point of view of a publicly listed company, launching acquisitions of such companies will undoubtedly present a financial burden during the initial stages after the acquisition. How does Wanda balance cheap valuations with unsure business prospects?

Wang Jianlin: In fact, any point in time is suitable for doing good business. You mentioned cheap market valuations, but that would only apply from a short-term perspective, maybe looking two or three years into the future. In such a situation, you can say that something is expensive or cheap. If you, however, look at acquisitions from a long-term perspective, say ten years, then it does not matter which company is cheap. Let's assume that the current market valuation is low so you decide to make an acquisition. Is that a guarantee that in the future the market valuation is bound to increase? Not necessarily. The most important thing in M&A is what I mentioned before – choosing the correct assets and choosing the right direction. Will the acquisition result in further supporting your business? Will the acquisition expand your business? Can you use the acquisition to help you enter a new industry and expand your scope? These are the things we should consider in M&A.

As for slightly cheaper or more expensive market valuation, that is for investors to decide, not for entrepreneurs.

Audience member: A lot of people are interested in the strategy for Wanda in the UK. What is the strategy in the country and where do you think the good investments are in the UK? And if the UK leaves the EU, will it be less attractive as an investment?

Wang Jianlin: I will first answer the question about the EU. I do not think the UK will leave the EU. My opinion is based on inferences but I might be wrong. First, from a historical point of view, the UK has never been separate from Europe. Secondly, the UK would struggle to manage alone in today's globalized economy. There is no guarantee that if the UK left the EU, it would be in a stronger position. There is no way of saying whether it would be a better or worse position. And finally, leaving the EU would be easy, but trying to get back in would be hard. Without doubt, there would be more disadvantages than advantages for the UK if it left the EU. That is what I think, but I am not a politician.

As for Wanda's standing in the UK, I believe that the UK and the US are the two countries of greatest interest to Wanda. Why did I invest US$10 million in the US? Because the country is big and its population is large as well. The simple logic is that Wanda entered because of the attractive market potential. Although the UK's population and market are comparatively smaller, the UK ranks first in the world in terms of market freedom. The US is nicknamed the 'Land of the Free', yet companies need to get approval for their investments from the Department of Commerce as well as from the Committee on Foreign Investment. If you are caught doing business without approval, your enterprise can be banned from operating on US soil any time within 50 years of the breach. Other countries have even more rules. The UK is the most liberal; its laws and other aspects are also well suited for investment. The UK also boasts an impressive service industry. Wanda is very keen to turn the UK into the centre for its European investments.

I mentioned that we were in the course of discussing a multi-billion-euro project with the British Minister of State for Trade. Once this project is in place, we might consider locating our headquarters for the whole of Europe in the UK. Once the London hotel starts operating, it will create 3,000 new jobs. We are also currently in the process of discussing an integrated project within the entertainment sector that would create 10,000 new jobs. I think that this is sufficient to show the level of importance we attach to the UK. Besides, my son also studied in the UK.

Audience member: There is a lot of worry about China right now. What do you think are the biggest risks facing China and what do you think are the reforms that are needed to keep the economy going forward?

Wang Jianlin: The greatest challenge China is facing today is the restructuring of its economy. The Chinese economy relies on three pillars. In the past, investment took up the largest proportion, followed by exports and then finally consumption. Export is not going as smoothly as it used to in the past. This is because the global economy, including the European economy, has still not recovered from the financial crisis. Exports are therefore lagging behind. As for investments, all that could be invested in pretty much has been. There are not many opportunities for new investments with high rates of return.

Now the economy must undergo a process of restructuring, be it active or passive. During this process, economic development is going to slow down. If it comes to a major slowdown, we might see a rise in unemployment. So the greatest challenge for the Chinese economy is industrial restructuring. There must be a period of restructuring whether we like it or not. There is no way to avoid it. If the restructuring comes in a passive form, it will be a lot harder. We can now see a gradual trend that economic growth is slowing down.

The economic restructuring also presents us with opportunities. Our ancestors who invented the Chinese language were very precise in their descriptions. The term for 'crisis' in the Chinese language consists of two characters, one meaning 'danger' and the other 'opportunity'. Therefore, crisis does not necessarily mean danger; it also provides us with opportunities. This stems from Laozi's dialectical thought. The word for crisis was well chosen.

Let me give you an example. The manufacturing sector and the export sector are struggling, but at the same time the service, entertainment and tourist sectors are all experiencing rapid growth. Last year, outbound tourism in China grew by 20%. Chinese tourists spent trillions of yuan overseas, maybe even more. So, the answer to the question of how to restructure the Chinese economy is to identify the right direction for development and target domestic demand. Ample opportunities exist, especially in the domestic sector, with demand for entertainment, sports and travel.

Audience member: Over the last 30 years, a lot of the innovation in China has come from local officials who are willing to try new things.

The anti-corruption drive caused many local officials to be afraid of innovating. Do we not have need of bold reform to move society forward?

Wang Jianlin: These two aspects are not related. Actually, I believe that not fighting corruption would pose an even bigger problem. Currently, the Chinese economy is experiencing a slowdown, or in some places, local officials are not doing as much as they should. The root of the problem is that the administrative system itself is flawed. Further work needs to be put into exploring ways of providing encouraging incentives while at the same time strengthening anti-corruption measures. It would be wrong to say, however, that because of the anti-corruption drive local officials are not doing their work. At least from the perspective of people involved in the business sector, we think that things have changed for the better. This is especially true for private businesses. Perhaps state-owned enterprises do not feel the same way, but for us privately owned companies, the anti-corruption policies have spared us a lot of hassle and saved us a lot of money.

Student: Thank you for your speech today. I really think that hearing you speak is better than studying for ten years. I originally meant to ask some questions relating to macroeconomy, but they have already been answered. I believe my question will be of interest to many people in the audience here today. You mentioned that Wanda employs 18,000 people in the US and 2,600 in the UK. As you said, you are planning to launch a project in the UK that will create 10,000 new jobs. How can we be of use to Wanda? As ethnic Chinese students who can speak fluent English, it would be a great honour for us to contribute to a leading Chinese global enterprise like Wanda.

Wang Jianlin: Would you like to work in China or in the UK?

Student: I would prefer the UK.

Wang Jianlin: As I said, we are currently working out whether or not this major project can make its way to the UK. We proposed the project over two years ago, but for a number of reasons, it has not gone through. Now the UK is lagging behind other destinations. This week, I am heading to another country for two days to launch a major project there. It is a shame that it was not possible for the UK to be the first choice of destination for this project. Originally the UK was under consideration. Well, even though the project in the UK might not be the first of its kind, we will make it the best of its kind. It might be the second or third such project, but when it is finalized, it will create at least 10,000 new jobs. Since you speak such good English, you would definitely be a priority for us. Don't think I am fooling with you – we are being broadcast live! Just say that you asked a question at the Oxford University open lecture and I will take you on.

Student: Thank you! I will makebe sure to remember that.

Wang Jianlin: Let me add to that. All Oxford graduates will be first in line to work at Wanda.

Student: Let me thank Chairman Wang on behalf of all us!

Audience member: I am from London Business School. The 1980s and 1990s in China produced many successful entrepreneurs. They became heroes of private Chinese enterprises. Starting in 2012, however, the Chinese economy encountered a downturn. Today's environment is different from the one in which you started. What advice and guidance would you have for young entrepreneurs today?

Wang Jianlin: Actually, the environment today is better suited for start-ups than back then. When I started my company, I had a registered capital of ¥500,000, which I borrowed. Guess the interest rate on the loan? 25% annual interest, and the principal had to be returned within five years. Nowadays there are many start-ups. I personally support 100 entrepreneurial projects each year. There are many who give support to young entrepreneurs. The key is getting access to funds. The most important part is preparing a business plan capable of attracting start-up capital. Simply speaking, your plan must be feasible. Don't emphasize the bad points. You must learn to say the right things to make people believe that you are reliable. Some young start-up entrepreneurs aim too high. They say they want to be an industry or world leader, but as soon as people hear that, they do not dare to invest in you. Be realistic in what you can achieve. You don't necessarily need to be involved in technology. Traditional industries hold as many opportunities as ever. The reason they are called traditional industries is that they are long-lasting and resilient. Innovative industries have the advantage of high profits and fast increases in value, but by the same logic they die just as quickly.

My advice to you is to choose your partners well or to seek the guidance of a trained supervisor. Wanda has entrepreneurial guides for graduates. I don't know what your name is, but if you are interested in applying, we have an official application process. Everyone who asked questions today has a book signed by me. Since you asked today, you are definitely going to be top of my list.